この恋の結末は私が決める

I decide how this love ends up.

山田飛鳥。
YAMADA ASUKA

KADOKAWA

恋愛はボードゲームと何も変わりません
自分で制限をつけて
勝手に難しくしているだけです

恋愛のルール上
知らない人は、知っている人に勝てません

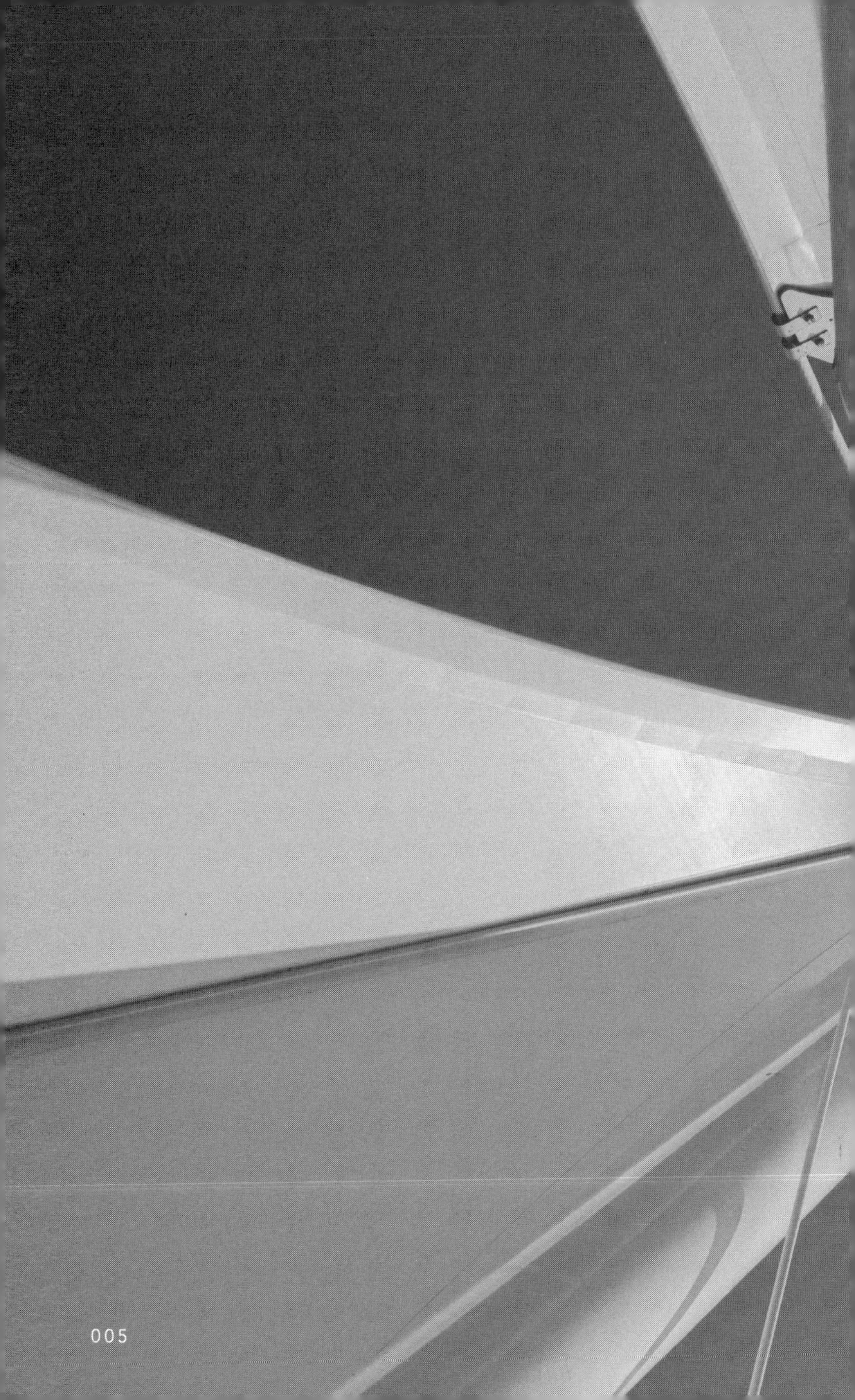

はじめに

みなさんは映画のどのようなところが好きですか？
内容の面白さ？
短時間で大きな感動を得られるところ？
それとも、誰かと会う口実にできるところでしょうか？

あ、表紙を見直さなくても大丈夫ですよ。この本は映画評論ではなく恋愛エッセイ『この恋の結末は私が決める』であっておりますので、どうぞこのまま気にせず読み続けていただければと思います。

話を戻しましょう。そして質問を変えます。
なぜ映画は面白さを感じながら楽しく観られるのだと思いますか？

答えは簡単。映画は短い時間にまとめられた、言わばダイジェストだからです。たとえ作中では5年の月日が流れていたとしても、そのなかから美味しいシーンを上手に切り取ります。尺もちょうどいいように2時間前後に収められているからこそ、飽きずに楽しく観ることができるのです。

では、まだ観たことがない映画を「尺を一切カットせず、実際に5年かけて全てのシーンを観てくれないか」と言われたらどうでしょうか？

なかなかしんどそうですし、絶対に途中で飽きてしまいそうですよね。どんな映画でも撮影したのに使われないシーンの尺のほうが圧倒的に長いことでしょう。改めて2時間に収められた映画を享受できることに感謝したくなります。

恋愛はこれと同じです。誰かの幸せそうな恋バナを聞いている時や友だちのSNSに幸せそうな写真が投稿されているのを見た時は、映画を観ている時と同様に楽しく見聞きできます。無責任に「楽しそうだな」「自分も恋をしたくなるな」なんてことを思えますよね。

ですがそれは美味しいシーン以外がごっそりカットされている状態に過ぎません。いざ実際に自分が恋愛をする立場になれば、映画ならカットされそうなシーンと向き合うのが常になります。他人の恋愛を見ていた時に抱いていた勝手な期待や憧れとはだいぶ落差を感じるでしょう。物語のなかで精神的に痛めつけられたら視聴者として共感するだけの痛みでは済まず、当事者としてリアルに痛みを感じることになります。大体は想像していた以上に傷つきます。映画の登場人物は一時の感情に流されてろくな目にあわないことが多いですよね。もう書いているだけでもしんどいです。

これを読んでいるみなさんは、おそらく恋愛の痛みも過去の思い出としてダイジェストにしてしまうような怖いもの知らずではないですか。何度痛い目にあってもまた憧れてしまって、なかなか恋愛から離れることができないのでしょう。

現にこの本を手に取って、ここまで読んでいただいていることが何よりの証拠なのではないかと思います。

前置きが長くなりました。この本ではそんなみなさんを少しでも支えるために。本来ならカットされることが間違いないシーンを、少しでも採用するかどうか決めかねるくらいのシーンに変えて、中身のある恋愛にしていけるようにするために。恋愛をする時に知っておいたほうがいいことを教えていこうと思います。

追伸
自分の物語のキャスティングくらいは最低限きちんと考えましょうね。

『この恋の結末は私が決める』　目次

第2章――この恋の結末は私が決める

第3章 —— 結局、好きは変わる

第4章

――欲しいものってそう簡単には手に入らない

第1章

憧れは憧れであり、なれるものではない

000

プロローグ

あらかじめ断っておきます。僕は執筆にあたり、詳細に書きすぎないようにしました。

本当に必要なことは書いていますが、補足する文章や前置きなどはあえて省いている箇所もあります。そのため、一読しただけでは理解できなかった方も、数多く出てくるのではないかと思っています。ただ、それはあえて書いていないのだと思ってください。

では、なぜ事細かく書かなかったと思いますか?

書籍というページの許す限り文字を詰め込める媒体で、なぜそのような試みをしているのでしょう?

答えは至ってシンプルです。みなさんに自力で、恋愛ができるようになって欲しいから。逐一、全てを語ってくれる恋人なんてまずいません。我々は、相手の言動をきちんと受け止め、「きっとこういう意図があっての発言だろう」と解釈し、自分なりに落とし込む必要性があります。

言葉足らずで相手を怒らせてしまう人。「うん、まあ……」みたいな引っかかる発言をする人。挙句の果てには、怒ると喋らなくなる人など。言葉や相手への寄り添い、配慮、気持ちの想像が足りないことが原因で、揉めることは数知れません。

コミュニケーションを密にとり、お互いの気持ちを擦り合わせることが重要です。ただ、基本的に、恋愛において感情や状況説明は完璧にされないことが多いのが実態。ある程度は、自分なりに想像力を働かせて相手の気持ちを考えるなど、補完できるようにならないといけません。自分の解釈が合っているのかどうかが不安であれば必要に応じて、相手に確認を取ればいいだけです。

僕が全てを書けば、本書の内容だけは完璧に理解できて、書かれていることだけはどうにかなるかもしれません。でも、それでは意味がないんです。

恋愛において本当に必要なのは、スキルでもノウハウでもなく、相手の説明が足りていないと感じてもそのままにせず、ある程度自分で補完して「少し言葉足らずなだけで、おそらくこういうことを言いたかったのではないか」と落とし込む習慣を身に付けることです。そのためには「イマイチ言葉が足りていないけど、あなたに何かを伝えようとしている」という条件を満たす練習台が必要なんですよね。実戦で練習していくのも構いませんが、それではあまりにも投げやりすぎるかなと思ったので。僕がここに練習台を用意しました。

あなたの考えとぶつかってどんなに相反する意見を述べようとも、決して話し合いを放棄することがない、絶対に逃げない練習用紙が、今あなたの目の前に200ページ以上もあります。これら全てと戦っていただければ、補完していったん自分なりに解釈する習慣もさすがに身に付くのではないかと考えております。

「恋愛で問題に直面した時に、全て周りに頼らなくても、自分でどうにかできるようになる思考回路の育成」、これがこの本の最大の狙いです。みなさんの恋の結末を決めるのは僕ではないので。

会いたいと思える人がいる日々が
一番幸せです

001

愛情表現をしてくれなくなった恋人

昔は夢中でのめり込んでいたけれど、最近は全然触れていないものはありますか？アイドル、スポーツ、ゲーム、楽器、習いごと……、なんでもいいです。

幼い頃にピアノを習いたいと思って始めても、中学生になって部活にのめり込むとピアノに触れる時間は当然少なくなります。必死に部活をしていたかと思えば、今度は（したいかどうかは別にして）受験勉強に一生懸命になります。

その後も、就職活動や大学のゼミなど時間を費やすイベントはやってきます。そこまで大きなものではなくても、日々の生活で親と会話する頻度がいつの間にか落ちたり、休日は友だちと出掛けることが増えたり。そういったものを含めると、何に時間を割くかは自然と変わるものです。

さて、ここからが本題です。

恋人が付き合った当初みたいに「好き」と全然言ってくれなくなりました。もう飽きられてしまったのでしょうか。

よく聞く話ですよね。なぜ恋愛の話になると「私を一番にして欲しい」「ずっと愛し続けて欲しい」と相手に求めるようになるのでしょうか。

毎日水をやっていた植物があるとします。忙しくて1週間に一度しか水をやれなくなったけど、枯れることなく成長しているのを見たら、みなさんは毎日水をやりますか。おそらく大半の人は「水をやるのは1週間に一度でいいや」と思うことでしょう。

僕も含めて、みんな優先順位を当たり前のようにすり替えて生きてきました。時には、好きになったものがいつの間にかなくなっていることにも気付かず、記憶の彼方へと追いやって、今大切だと思えるものと入れ替えています。

好きな人と今付き合っていたとしても、あなたは不動のエースでいられるわけではありません。それは事実です。その上で大切なのは、事実をありのまま受け入れる力だと思います。どうして大事にしてくれないのかと怒る前に、自分も優先順位をつけて生きてきたことを思い出してください。

小学校の頃に仲がよかった人と、音信不通になっていませんか？
反対に、連絡はマメに取らないけど大事にしている人はいませんか？
もう一度、自分に問いかけてみてください。

002

思い出量産期間

初めて誰かと付き合う時。2回目に誰かと付き合う時。浮気されたり振られたりして傷心状態のまま、他の誰かに言い寄られて付き合う時。友だちだった距離感の人と付き合う時。

色々な経験をしてきたかもしれませんが、毎回同じような恋の結末を迎えていませんか。典型的なクズ系に騙されてしまった時もあれば、花の蜜を求めるように自分からハマりにいった時も。傷を負ったあとはクズ系に懲りて性格のいい優しい人と落ち着いた衝突のない恋愛をするものの、結局それでは上手くいかず別れることに。

結局恋愛とは一体全体なんなのか、悩みや疑問を抱える人は少なくないと思います。

実は答えは単純で、「自分のその時その時のニーズに合わせて変化する」、たったこれだけです。

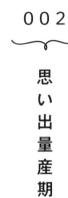

恋愛は、付き合う前から付き合って数ヶ月までのいわゆる「楽しい期間」と、別れるまでのよくも悪くもしんどい「思い出量産期間」の2つに分けられます。次の恋愛の「楽しい期間」を誰とどんな風に過ごしたいかを決めるのは、前回の「思い出量産期間」です。

前に付き合っていた人がクズ系だった場合、その人と破局を迎えたら「もう二度と騙されない」「クズ系とは付き合わない」と考えるようになりますよね。ですが、いざ優しい人と付き合ってみると、どこか物足りなさを感じるのではないでしょうか。結果的にまたダメなところがある人に惹かれてしまい、同じような失敗を繰り返すことに。今度はクズ系と優しい系の中間みたいな人と付き合い始める……。

このように、前回までの恋愛の「思い出量産期間」がどのようなものだったか次第で、次の恋愛へのニーズが決まります。大体の人が実際にそのニーズに従って新しい恋人をつくったり、時にはニーズ通りの恋愛ができるように相手を調整してみたりするわけです。元恋人に浮気された恐怖から、次の恋人をガチガチに束縛するメンヘラな女の子がいい例でしょう。

ただ、その時の自分のニーズと実際に付き合った相手の性質がマッチするかどうかは別問題です。思っていた人ではなかったからとすぐに別れる、単発ドラマのように一瞬で終わる恋愛はあなたが今の自分に合う人を間違えていただけです。

とはいえ「次は確実にニーズを満たしてくれそうな人と付き合おう」と思考できれば、精度を高めた人選ができるようになるのではないでしょうか。何事も経験として通っておくのがいいのかもしれません。

見た目と本当の中身は
大体真逆

003 人生の責任を取ってくれる人

誰か1人を選ぶのなら、人生の責任を取ってくれる人を選ぶのがいいです。人生の責任とは相手に関わる全てから逃げないこと、と言っても過言ではありません。ケンカや話し合いからも逃げない人。相手が自分に対して誠実である限りは、どんなことがあっても一緒にいない選択肢は取らない人。ここに書きにくいような何かが起きても絶対に離れない人です。

「責任を取れないから君とは付き合えない」とか言ってくるような人は「そもそも君と一緒にいようとは1ミリたりとも思っていない」という本音をオブラートに包んでいるだけです。こちらから察して退いたほうがいいでしょう。

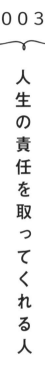

004
「理想の人」「運命の人」なんていない

自分のもとにも現れないかな、と夢見ている「理想の人」「運命の人」とやらは幻想です。画面のなかからは一生出てきません。もし誰かがそれを語っていたのであれば、信じていただかなくて結構です。舞浜や世界の数カ所にしか存在しないメルヘンな世界線に憧れるのはやめにして、現実と向き合ってみて欲しいものです。

余談ですが、グループで舞浜に行くなら「耳選び」では協調性を持ち、他の人に先に選んでもらい、自分はあとから選ぶほうがいいです。間違っても誰よりも先にピンクの狐の耳を取りに行くような真似はおすすめできません。まずは無難に、ヒロインのネズミか黄色い犬あたりの耳を選んでおいたほうがいいと思います。

冒頭から余談を挟んでしまい大変失礼いたしました。書籍として文面に残す勇気がなかなか出なかったので、打ち合わせ段階で一度消滅させましたが、少し欲が出ました。余談なら許されると願います。

◎物語のような素敵な恋をすることは生涯ない

そうそう、「理想の人」や「運命の人」なんていないというお話ですね。はい、もちろんこれはいません。いるはずがないですよね。みなさんは「理想の人」「運命の人」について聞かれたらどのように答えますか？

優しくて、ずっと愛してくれて、勉強が得意で、普通自動車の免許を持っていて、仕事を頑張っていて、恋人を大事にして、理想というくらいだから顔がタイプで、髪型や服装に清潔感があって、家事ができて、残念に思わない程度には恋人のことを優先してくれて、TPOをわきまえられて、店員さんに丁寧な言葉遣いで話せて、つらい時は側にいてくれて、仕事やプライベートに理解があって、取扱説明書を持っているかのようにわかってくれて、月経に関する知識があり対応もしっかりしていて、雨の日は傘を持って迎えにきてくれて、意見ややりたいことをいつだって尊重してくれて、推しがいても否定しなくて、キュンキュンさせてくれて、元恋人がいないあるいは元恋人の連絡先は消してSNSも全てブロックしていて、そもそもケンカにならないくらい仲がよくて、ケンカしても無口になったり家を出て行ったりせず建設的な話し合いができて、間違っても他の子に目移りしなくて、当たり前だけど浮気をしない、幸せにしてくれる人！といったところでしょうか。

……いるわけがないですよね。特に最後の3つがダントツで難しいですよ。最後から4つ目あたりまでは、頑張って探せばポテンシャルで、ある程度こなせる人が見つかるかもしれません。ですが、それはあなたに合わせて、あなたの気分を害することのないように、演じてくれているだけではないでしょうか。心の底から素でやっているわけではないと思います。ずっと演じ続けてくれる保証もありません。期間限定の「理想の人」ではいてくれるかもしれませんが、結局はまがいものだったと気付かされるなら、幸せにしてくれる本当の「運命の人」ではないでしょう。

結局「理想の人」「運命の人」は自分にとって都合のいい人に過ぎず、残念ながら100％あなたのために生きてくれる聖人はいません。それだけのことができる人はあなた以外にもその能力を発揮します。そもそもあなただけを見て考えてくれる聖人が隣にいてくれるほど、自分も立派なのかという話にもなってきます。他人にあまり多くを求めないほうが身のためです。

よく考えればわかること

理想を聞かれた際に「『自分はこれを犠牲にするから』こういうことをしてくれる人がいい」という風に、謙虚な表現をする人はほとんどいません。自分の願望ばかり喋りますが、相手に対して何かをしてあげる気は全くないのでしょうか。

憧れがちな画面のなかの世界で、そういう自分本位な人たちは、悲惨な目にあっていませんか。画面のなかでさえ、理想の人と幸せになるのは、謙虚で慈愛の精神に満ち溢れていて、信念を持った人ばかりですよね。正反対なことを言っていることにどうして気付けないのでしょうか。

●運命の人がいないなら

「理想の人」「運命の人」を新たにつくり出すことは不可能ではありません。その方法は文章にすると至って簡単で、恋人を理想通りになるように変えるだけです。

ある意味みなさんは「理想の人」「運命の人」ともうすでに出会っているかもしれません。恋人に直して欲しいところは注意して、自分自身を見つめ直していれば「運命の人」は今も自分の隣にいたのかもしれません。

相手が何を言っても変わらないならどうしようもありません。多少なりとも変わろうとする姿勢を見せてくれるなら、その人を「運命の人」にできるかどうかは、あなたにかかっています。

いつまでも「いい人が現れない……」「運命の人は一体どこにいるの？」と嘆いていないで、可能性を感じる人と限界まで向き合ったほうがいいと思います。

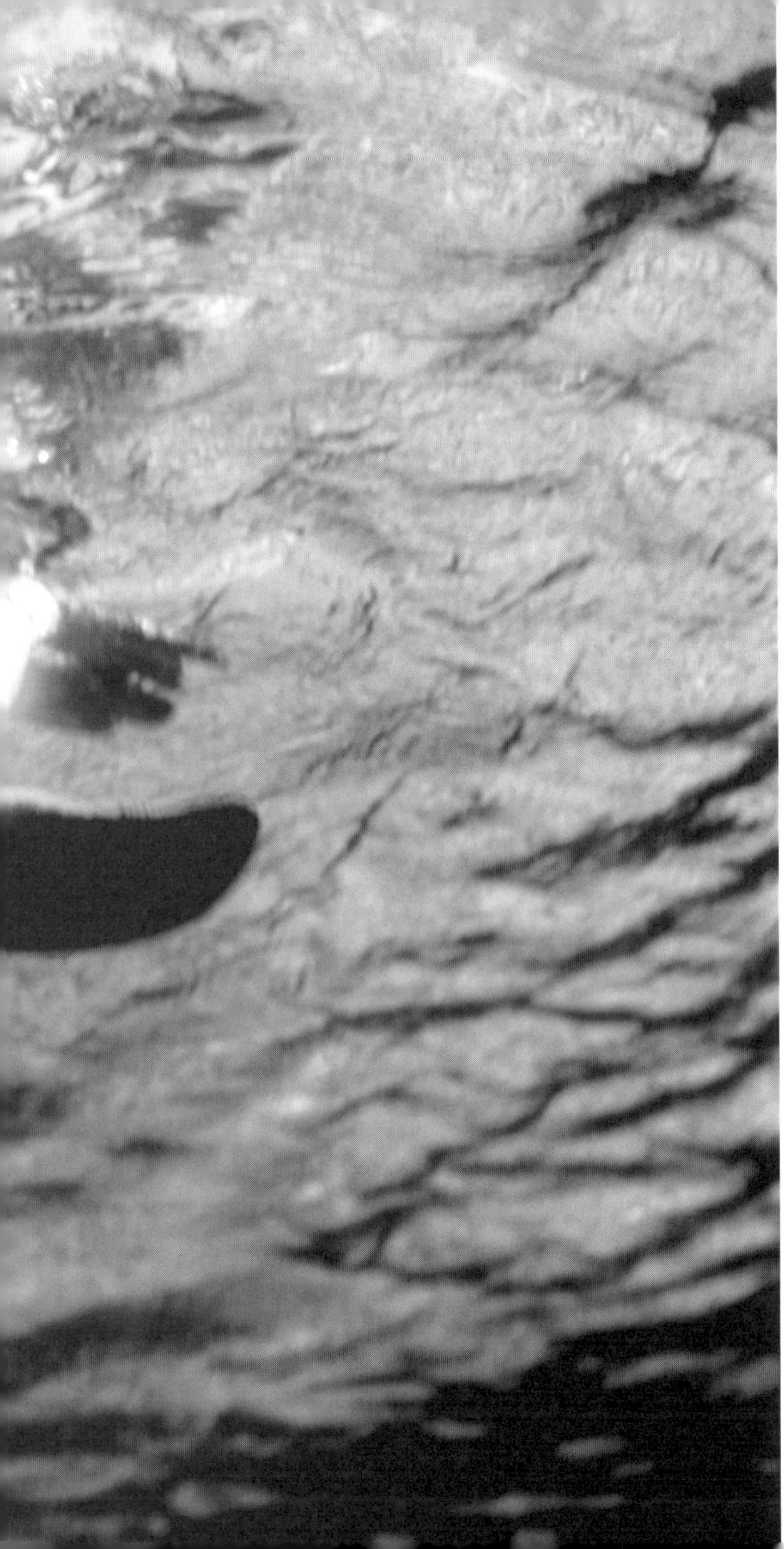

愛されたいなら、愛されるだけの生き方を

005

傷つかない恋愛は、どこまでいっても恋愛ごっこ

傷つかない恋愛は馴れ合いだと言い切っておきます。「ケンカになることがない」「裏切られたことがない」こんなものが理想の関係性と言われますが、それはただの不完全な関係性です。

浮気に限った話ではなく、やましい何かを抱えている人はそんなに少なくないと思います。実は付き合う直前に他の異性と関係を持っていた。本当は交際期間が被っていた。告白されてOKを出した時、別の子が好きだった。こんなものはいくらでも浮かんできます。今の恋人が知れば間違いなく心にダメージを負うことの1つや2つくらい誰にでもあるのではないでしょうか。それは今後も増えていくものです。

ここまで読んで「今まで裏切られたことがないから自分は大丈夫」と安心している

方もいるでしょう。ですが、それは相手が上手に隠してきたか、あるいは今のところ裏切られたことがないかのどちらかです。

みなさんが掲げるような理想の関係性とやらは存在しません。幅5センチの鉄骨の上で生活できるかと聞かれて、最初の3分落ちなかっただけで「ほらできるでしょ？」と言われても何の説得力もないのと同じです。

そんな時限爆弾式の理想の関係性を大切にしている人たちは、「ケンカもたくさんしてきたし裏切られたことも何度かあったけど、どうにか乗り越えてきた」「衝突するなかでお互いに相手の取扱説明書を持ちはじめ、更新し続けた」「ケンカの回数が増えるにつれて、折衷案を見つけられるようになった」といった、おそらくこの世で最も持続性のある関係には永遠に辿り着けません。

まずは相手に傷つけられることをおそれないでください。自分が相手を傷つけることをおそれるのもやめましょう。

言いたいことがあるなら言う。目移りしそうなら目移りする。相手に悪いと思って控えていることがあるなら全部我慢するのではなく、ギリギリを狙ってやってみる。それこそ他の男に誘われたなら会ったらいい。それでキュンキュンしてしまって揺らぐ関係性なら所詮その程度なので、恋人と別れればいい。もし自分が裏切られた側だとしても、縋らずに取っ替え引っ替えすればいい。本来、それだけのお話です。

一緒にいたいと強く願うのであれば、真っ向からぶつかってケンカするしかありません。それができた時、初めて馴れ合いから恋愛に変わるのだと思います。

006
自分のものにならないから好きでいられる

相手のことが好きな感情を細かく掘り下げていくと、大体は「勝手に自己解釈でつくり上げている相手のことが好き」これにたどり着きます。数ヶ月前に出会ったばかりの間柄であれば、お互いをよく知るのは難しいので本性まではわからないからです。6年来の親友でも、親友としての顔しか知りようがないので、明日新しい一面を知って衝撃を受けるかもしれません。

よほど長期間付き合ったわけでもない限り、どこまでいっても想像の域を出ることはありません。付き合った当初は、メイクと服選びに気合いが入り、前髪をいつまでも整えたくなりますよね。その姿からすっぴんや本当の性格を知ることはできません。それと同じです。

結局人が最初に好きになるのは相手そのものではなく、自分がつくり出した虚像に過ぎません。「自分が信じたい虚像」のほうが正しい言い方ですね。蛇足ですが、相手が信じたそうな虚像をつくり込めば好きな人を落とせるとも言えます。

◎恋愛の3段階

①相手の〇〇〇なところが好き（ここまでは事実）
②だから相手は×××な人（ここから自己解釈）
③なので相手は●●●なことはしない（飛躍した自己解釈）

恋愛の序盤はこのように、現状で知っている事実をもとに勝手な自己解釈をしている場合がほとんどです。「そんなことをするなんて考えたこともなかった」「こんな風になるなんて思いもしなかった」みたいなセリフが出てきた場合は、まさしく②と③を無意識にやって勝手に裏切られたと思っているケースでしょう。

相手がよほど横柄な態度でも取らない限り、自分が信じたい姿を見つめ続けているので、②や③へと発展します。いざ交際が始まると高確率で②や③の自己解釈が崩れてくるので、結果的に①の実際に感じたことにも疑いを向けるようになります。

付き合い始めていなくても、お互いの好意が確認できて、このままいけば90％付き合える自信が湧いた時点で「こんな素敵な人が、私みたいな人を好きになってくれるわけがない……」と②と③の同時破壊現象が起きることもあります。これは①の部分に「自分のことを好きにならなそうなところが好き」などというねじれた感情を持ち込んでいる場合によく見られます。ですが、それは恋愛としては元も子もない話。もうそれは正直恋愛……いや、深い対人関係が向いていないと思います。

◎虚像恋愛

付き合う前の期間中、自分のダメなところを積極的にさらけ出してくれるような人はほとんどいません。いたとしても、みなさんはそういう人を選ばないはずです。そうなると、虚像から始めるしかありません。

自分のものにならないから好きでいられる恋愛は、実はごく普通の恋愛。結局、恋愛序盤の「好き」なんてまやかしです。相手が自分のものになり、深く知ってもなお最初の虚像を愛せる人なんて、いたとしても1％。その1％は虚像の好きから離れられない、発展の余地がない残念な関係性でもあります。

99％のみなさんは相手を知れば知るほど大好きではいられなくなるでしょう。

007
好きバレはしないほうがいい

恋愛は感情の探り合いなので、手の内がバレたら相手に勝てなくなります。自分を好きになってくれた人がいたら、その人は一体どうするでしょうか。こちらをデートに誘いたいだろうから何かしらの口実をつくり、自然体を装って連絡をとってくるでしょう。こちらから「日曜日、一緒に出かける？」なんて言ったら舞い上がりそうですよね。好意があるのかないのかわからないような素振りを見せたら、一喜一憂しそうです。

自分も人間である以上、誰かを好きになった時の感情や行動は予想できてしまいます。いわゆる「好きバレ」は、自分の手の内を全て曝け出して戦おうとする状態です。欲をかいて冷静さを失った状態で挑んでも勝てるとは思えません。いいように遊ばれて終わってしまう結末を避けるのは、とても難しいです。恋愛では欲がないほうが勝つ、いや、欲を出すと確実に負けると言ったほうがいいかもしれません。

自分の周りにこんな子はいないでしょうか。あまり自分からアタックするタイプではなく、アタックされたとしてもがっつかない余裕のある子。誘われたらデートくらいは行くものの、付き合うまで絶対に一線を越えないような子。

よく言い寄られるタイプほど控えめな子に弱いし、どうにか落としたくなってしまいます。別に普段言い寄られないようなタイプでも、こういう子とは他の同世代や年下の子と一緒にいるよりも落ち着いて喋っていられます。悩みなんかもつい聞いて欲しくなって話すようになるので、稚拙な表現ではありますが、気が付いたら本当にハートを鷲掴みにされています。

結論、自分を大切にできる受け身の子が最強です。誰しも身近にこういった模範解があるのに、いつまでウジウジ悩んでいるのでしょうか。僕はその理由を知っていますよ。恋に恋してしまっていたら、欲がない人を演出するのは無理だからです。

008
一途な恋愛はつらくなる時が絶対にくる

最初にお断りしておきますが、お互いがずっと一途でいるなんてことはまずありません。1〜3年も一緒にいればカップルのどちらかが間違いなく一度は目移りするでしょう。身体の関係は持っていなかったとしても、気持ちの浮気はしているはずです。露見していないだけで他の子といくところまでいっているかもしれません。

百歩譲って、やましいことが本当に一切なかったとしても、学生であれば受験や就職などの期間に、社会人であれば仕事の量や仕事自体の変化で恋人の優先順位が左右されるようになります。お互い常にNo.1なんてありえないわけです。

相手のなかで優先順位が変わってしまうタイミングが、自分に気持ちの余裕がある時であればいいのですが……。大体タイミングが悪く、順風満帆にいかないのが人生。頼りたい、縋りたい、突き放されたくないタイミングで優先順位を落とされてしまうことがほとんどです。

●つらいなら自分も一途でいないこと

自分だけが一途でも相手のなかで優先順位を下げられる日が来てしまう以上、いつかは「自分は大事にしているのに見返りがない」「私ばかり相手のことを好きでいる」といった悩みに直面します。だから、一途な恋愛はつらくなる時が絶対にくると言い切れます。そうではない人生を過ごしている人を僕は知りません。

好きだから我慢する人もいるでしょうが、それは自己犠牲の象徴です。その我慢は1年もすれば限界を迎えるのではないかと思います。そのうち、こんなに尽くしているのにと相手を責めたくなります。相手は人生のなかで、部活や仕事などのかけがえのない大事な時間を過ごしているだけです。それなのに責められるなんてたまったものではないです。

相手ファーストで考える恋愛の舞台から自分で降りないと、この悩みは解決できません。視野はどんどん狭くなり、みなさん自身の人生を見つめる機会がなくなってしまいます。誰かを優先するというのは、その人を大切に思うことと同義ではないと知ってください。

物語には新しいキャラクターの登場、トラブルの発生がつきものです。波のない物語を僕は知りません。

好きかどうかわからなくなったのであれば
別れればいいだけ
その勇気が出ないうちは
付き合い続ければいいだけ

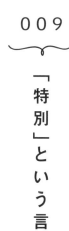

００９
「特別」という言葉には消費期限がある

誰かの特別になりたがる人は多いですが、言うほど「特別」に価値があるのでしょうか。過去のあなたにとって特別だったものを思い返してみてください。キャラクターのぬいぐるみ。三百円しない指輪。当時熱中していた、アーケードゲームのカード。昔は大切にしていて特別だったものを、今も当時と同じだけの熱量で大切にしていますか？

大体どこにしまってあるのかも忘れていて、大掃除でたまたま見つけて……。捨てることはためらい、手元に置いておく程度の「特別」ではあり続けるかもしれません。昔のように再び大切にするかと言われると、そんなことはないですよね。もう一度大事にしようとしても、１ヶ月後にはどこに置いたかさえあやしくなっていると思います。誰しも一度は「特別」を過去形にしたことがあるはずで、それは僕もみなさんも例外ではありません。

○恋愛における「特別」

この現象が恋愛においてはかなり短い期間で起こります。付き合って3～5ヶ月くらいまでは恋人が特別な存在であり続けるものの、半年を越えた頃には転落。恋人は捨てない程度の「特別」になるのがほとんどの恋愛のテンプレートだと思います。

そのうちはまだいいほうですが、捨てる理由ができてしまった場合はどうでしょうか。ペットがぬいぐるみで遊んでしまいズタズタになってしまった。安物の指輪に圧力がかかってパーツがバラバラになり、ただのプラスチックリングになってしまった。引き出しを開ける際にアーケードゲームのカードが巻き込まれていることに気付かず、無惨な姿に変わり果ててしまっていた。

こうなってしまったら、よほどの物好きではない限り間違いなく捨てるでしょう。

残念ながら人は特別であったものでも、都合が悪くなり捨てる理由ができてしまえば廃棄処分という選択肢を平然と取る生き物です。恋愛は自分から捨てない限り、ほとんどの場合捨てられて終わりを迎えるエンタメコンテンツ。極端ではありますが、「特別」＝上げて下げて、最終的に捨てられるのを待つこと、とも言えてしまいます。みなさんが欲しがる「特別」って実はそんなにいいものでもないのではないでしょうか。

「特別」という言葉には消費期限があります。正確には「捨てない程度の特別」になる段階で美味しく感じる賞味期限が切れてしまい、切り捨てる理由ができたタイミングで完全に消費期限切れになるといったところです。唯一食品と違う点は、ケンカして仲直りをしたあとや、記念日に相手を大切にしたい気持ちが高まり「特別」が期間限定で復活することもある点でしょうか。

たまたま今付き合えているだけで、もしかすると誰かの特別枠には割と誰でも入れるのかもしれません。

010

3回目のデートにこだわらない

タイミングを見計らっている人に、ちょうどいいタイミングはやってきてくれません。本当にいい告白のタイミングは自分が今だと思った時です。

いつ頃から言われるようになったのかわかりませんが、3回目のデートが告白のタイミング論が世の中に浸透して長い時間が経ちました。ごく当たり前の話ですが、別に付き合う前のデートに回数制限はありません。20回デートしようが40回デートしようが別に関係なく、恋人同士になれます。

付き合う前にデートを重ねすぎると、「一向に告白してこないけど、この人は付き合う気がないのだろうか」「もしかしたら遊ばれているのではないか」と考えてしまいがちです。デートの内容よりも「3回目に何が起こるか」ばかりを気にしてしまっていたらデートの価値が薄まってしまいます。

周りと違う道を選んでもどうにかなっている人はいくらでもいます。3回目のデートにとらわれて「遊ばれている」と考えるのは、いくらなんでも早く見切りすぎです。別に3回目のデートで告白しなくても恋人になれます。

5回目のデートで告白したっていいです。デートの回数を重ねてやっぱり居心地がいいと思えてから告白してもいいです。「もはや恋人と何が変わらないの？」と言えるほどの関係性が構築できたのであれば、告白しなくていいという論まであります。

進展させたいのに進展しない原因は、単純に自分の見せ方を間違えてしまっているか、あるいはそもそもなしかのどちらかです。後者は置いておきますが、前者は相手にキープされている場合がほとんどかと。「別に君とならいつでも付き合えるよ。まあでも他の人に告白されたら多分そっちと付き合うけどね」くらいのことをサラッと言える度胸があれば、相手は焦り始めるでしょう。告白されるのをただ待っているだけの受け身の姿勢でいても、何も状況は変わりません。

011

恋人のダメなところは直っている

みなさんは自分の家族に対する印象が変化したと感じることはありますか？「あまり変わっていない」と答える人のほうが圧倒的に多いのではないでしょうか。

恋人に「こういうところが嫌だからやめて」と言ったとして、次に失敗されると「やっぱり直ってない」と思いますよね。裏切られたと感じる人もいるでしょう。ですが、実は注意されて気を付けたけど、つい失敗してしまっただけです。久しぶりに会った人になら「変わったね」と言ってもらえるような変化も、近くにいると気付かないものでしょう。

何かを言われて直すのは並大抵のことではありません。注意された本人だって、何度も「またできなかった」と思いながら修正しています。以前は毎日のようにやっていた癖が5日に1回くらいにはなっているかもしれません。
それまでずっと、そのまま過ごしてきたなら、恋人になったとしても、ダメなところを指摘しても、すぐに直るはずがないです。それは人間みんなそうです。1回言ってまた失敗してしまっても、気長に待ってあげてください。

◎恋人に愛情表現をしてもらえない悩み

それまで愛情表現を上手にしてきていない人は、やり方や気を付ける方法もわかりません。恋人がそのような人なら「今、好きって言ってみて」と練習するところから始めてみるといいと思います。恋人が最初の一歩を踏み出せたら、あなたも感謝や自分の気持ちを伝えるのを忘れないであげてください。

「今は言わせちゃった感じになったけど、嬉しかった」
「次会った時も練習しよう」

このくらいの広い心と根気強さは必要かもしれません。頑張ったことは評価されたいですし、相手が喜んでいる姿を見たらなおさら頑張ろうと思うもの。ストレートに「好き」と言えない人が、1回言えるようになったなら、それは成長です。

012

片思いは大体実らない

人は恋愛を通して成長しますが、片思いで成長することはあまりないです。片思いは、基本的に人の感情とぶつかることがありません。ただ、相手のことを好きだと思っているだけの時間で、相手から「こういうところが嫌」と言われることもありません。嫉妬もされないです。

片思いをしている時が一番楽しい、それも事実でしょう。１人で勝手にキュンキュンできます。この、１人でというのがネックです。１人だからこそ傷つかない。１人だからこそ片思いで成長はできないです。

なぜ報われないのか自分で解決策を出せたらそれで十分。僕は、片思いなんて人生で１、２回すれば十分だと思っています。

ここにこれくらいのサイズで何かを書いても
現実は何も変わりません

０１３
付き合う上で大切なこと

付き合う上で大事なのは、最後まで相手の味方でいることだと思います。

全面的に何でも許してくれる人が味方ではありません。好きだから、何をしても許してしまうのは、ただの怠慢です。その人のためを思うなら、その人と幸せになりたいと願うなら、何でもかんでも受け入れてしまってはいけません。周りから叱られてこなかった人ほど天狗になってしまって、結果的に本人が大きな恥をかくことになってしまいます。

自分といい関係をつくって欲しいと思うなら、よくないことをしたら「よくないよ」と言える人になりましょう。そこで嫌いになられるような相手なら、一緒にいる価値がありません。

端的に言うなら、親と同じような目線で善悪のジャッジをしてあげるのがいいと思います。親は「こんなこと言ったら子どもに嫌われるかもしれない」なんて思いながら話さないですよね。嫌われたとしても、必要だから話すご家庭がほとんどだと思います。恋人になってもそのポジションに食い込めれば、相手からの信頼を獲得できるはずです。

自分の言うことを何でも聞いてくれる人は求められていません。本当に求められているのは、叱ってくれて、褒めてくれる人です。

014
一番になりたい人はなれない

恋人に限らず友だちでもいいから誰かの一番でありたいと思う人は、大体報われません。人間は一番になろうとしている人を一番にはさせたくない生き物だと思います。たまたまテレビで賞レースやサッカーなどを観た時、人は負けているほうを応援したくなるものです。ドラマティックな演出、構成に惹かれ、無意識に逆転を願ってしまいます。自分のところに「一番になりたい人」が寄ってきた時にも、あえて一番にすることを避けてしまいます。

映画でも、ドラマでもとんとん拍子に交際まで進んでいく内容だったらあまり若かれないと思います。一山二山と乗り越えていく登場人物たちにハラハラして、刺激的な展開を期待してしまうものです。

なにもエンタメのなかだけではなく、実生活にも関係している話です。わざわざ誰も言葉にしないだけで、人は『一番になりたい人』とこのまま付き合っても面白くないな」と直感的に思ってしまいます。面白くない展開をつくりたくないからわざと波風を立てて楽しむ。恋愛は一種のエンタメみたいなものです。

それを性格が悪いとかクズとかいう人もいますが、僕から言わせればそういう本質をわかろうとしない人は結果的に負けています。恋愛はエンタメくらいの気持ちでいる人のほうが、誰かの一番になっているのはこの世の真理ではないでしょうか。

015
都合のいい子は、それ以外の子になる方法がわからない

「それはやめたほうがいいよ」「もっと自分を大事にしてあげて」上手くいかない恋愛をしていたら、きっと周りの人がこんなことを言ってくれると思います。

「周りから誤解されがちだけどいい人なの」

「やっぱりこの人といたい」

手を差し伸べられても、そこから抜け出さない理由を探し始めたその瞬間、都合のいい子でい続ける未来が確定してしまいます。

生き方を変えるのは相当勇気がいることです。生き方は変えないほうが楽です。ほんの一瞬でも満たしてくれる人がいる。好きにさせてくれる人がいる。快楽があるのにそれを捨てなさい、なんて結構酷な話です。一度喜びを知ってしまったらもう元に

戻れません。大事にされているように見える他の子が羨ましくなるでしょうが、憧れは憧れであり簡単になれるものではありません。

ちなみに、夢を叶える人なんていくらでもいます。毎年プロになるサッカー選手がいます。日本代表には、新しい選手がどんどん入ります。数年後には、初めてドームに立つアーティストが誕生しているでしょう。まだ生まれていない子どもが、いつの日かスーパースターになります。憧れる側から憧れられる側へと、毎日誰かが移動しています。

恋愛なんてドームに立つより、よっぽど簡単だと思うのですが……。今いる場所から出る方法を周りに教えてもらい、自ら出ようとしないと変われません。自分でなれないと決めていたら永遠に無理です。

大切にされる子はずっと大切にされます。都合のいい子はずっと都合のいい子です。

016

交際人数理想値

「何人と付き合ったことある？」と聞かれた時の、山田飛鳥。なりの最適解をお伝えします。最も無難なのは2人もしくは3人（16歳未満の場合、0〜1人）です。

本当はもっと多くてもなんでもよく、別にウソで構いません。2〜3人と言ったのは「0人」や「1人」と答えるメリットがあまりないからです。

0人と答えるとなめてかかってくる相手もいます。1人だと「重そう」「元恋人を引きずってそう」と勝手なイメージを持たれることがあります。気になっている人に聞かれた場合、全てにおいて元恋人と比較されて、気になっている人と変なこじれ方をする可能性があります。

交際人数は2人で、どちらともそんなに長くなかったとでも言っておけばヘイトも分散します。聞いた側もそこまで相手を重く捉えなくて済むので（悪い意味ではなく）近付きやすくなります。交際人数が4～6人あたりをいき始めると、どうしても、そういう面での印象はＧｏｏｄではない具合になってくるので……。結局2～3人が無難でおすすめです。

この質問に限らず、自分のキャラ設定になる物事に関しては、どうでもいい人から聞かれた時も、気になっている人から聞かれた時も、返しを統一しておいたほうがいいです。自分の情報の取り扱いにはくれぐれもご注意ください。

017
ないものねだり

「月曜日の出勤がしんどい」

「会社に行きたくない」

SNSでこのようなつぶやきをみると、会社員は仕事以外の何かに生かされていると思うことがあります。仕事というものが次第に嫌なものになっていきますよね。

フリーランスは仕事に生かされています。もし仕事がなくなったら……と不安に駆られることだってあります。自分で選んだ道ですが、明日絶対に仕事があると確約されている会社員が羨ましくなる日も正直あります。


恋愛もないものねだりです。

「元恋人はこうだったのに……」

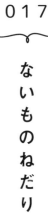

「どうして私だけ上手くいかないんだろう」
「クズ系ばかりと付き合ってしまう……」

あなたの恋愛には、周りの人の恋愛にはないよさがあるはずです。あなたしか経験できていないことだって、たくさんあります。失敗から学んでいけば、きっといい未来が待っています。それらを全て差し引き、現状を嘆くのは、ないものねだりです。

第2章

この恋の結末は私が決める

018

ずっと片思いが一番いい

タイトルは、「先生を好きになってしまったらどうしたらいいですか」に対するアンサーです。

学校という狭い世界は、身の回りに同級生・先輩・後輩しかいません。この質問者さんは、かなり歳が離れた異彩を放つ存在に惹かれてしまったのでしょう。先生は誰にでも優しいです。あなたが困っていたり、あなたから近付いたりしたから、自分にだけ優しいと感じただけです。

なによりもその恋愛を押し進めた時、相手の社会的立場がどうなるかをわかっていないと思います。自分のことしか考えられていないあなたには、幸せな結末は訪れてくれません。気持ちとは裏腹に叶えるべきではないことって存在します。

019
思わせぶりなことをされて困っている人の救出

ゲームセンターにあるメダルゲームを嗜んだことはありますか？

経験したことのない方は、よろしければ飽きるまでやってみてください。メダルゲームには「当たるかもしれない」と思える演出が多く存在します。ジャックポットと呼ばれるドでかい当たりを引くと、台全体がピッカピカに光ります。メダルが払い出される音を聞いているだけで、高揚感がやってきます。パチンコよりもお金がかからないので、ついつい長時間座ってしまいます。

ただし千円分のメダルを入れたら、しっかり千円分溶けてなくなるのを忘れてはいけません。それでも僕は楽しい時間を過ごせることに価値を感じるので、またメダルゲームをしにいきます。

僕は思わせぶりな言動をされて、期待してしまうのをやめられない子とそっくりですね。違いは、「千円が溶けても楽しめたからいいや」と思えているか「千円かけたのに無駄じゃないか」と悲嘆しているかということです。

振り回されている人は相手からの「思わせぶり」な演出を見たくて、台の前に自ら座ったのではないですか。悩むくらいならすぐにやめればよかったのに……。ゲームセンターのどこかの台では当たりが出るように、自分も本命になれるかもしれないと考えてしまったのでしょうか。

思わせぶりに騙されたと巷でよく聞きますが、「この台、当たらないじゃないか」なんてクレームは誰も受け付けてくれません。メダルを入れているのに、当たりそうな演出ばかりで当たらなかった＝思わせぶりなことばかりで弄ばれた、と喚いていても、自己責任の一言で終わってしまいます。

そんなにつらいなら、台を替えたらいいのではないでしょうか。この文章を読んで、理解し、次の恋に進めないのであれば、もうお手上げです。

020

ダメな恋愛をし続ける仕組み

ダメな恋愛を続けてしまう理由は、「途中で気付いていたのに抜け出さなかったから」の一言で筆をおいてもいいのですが、それではあまりにも慈悲がないので詳しく説明します。

恋をする時も、警戒心を持ちましょう。蛇と触れ合うとしたら、基本的に毒があると想定したほうが安全ですよね。誰かの管理下で触れ合うなら、その人への信頼から「まさか毒蛇ではないだろう」と考えるのが自然です。しかし一対一で、得体の知れない生き物と対峙するなら「もしこの蛇に毒があったら」ということを念頭に置いておいたほうがいいに決まっています。ピクニック中に友だちが草むらで種類のわからない蛇に噛まれたら、絶対に心配するでしょう。

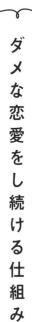

ここからは、ダメな恋愛から離れられない人の話です。いざ自分のことになると、周りの人に「見た目的にもすごく毒がありそうな蛇だったよ。絶対に病院へ行ったほうがいいよ」（＝そんな人やめときなよ）と言われても、

「見た目と雰囲気で誤解されがちなだけで本当はいい人なの」

「来月、相手の誕生日だし……」

などと必死に答えるだけで、特別何も対処しないという選択肢を当たり前のように取ります。現在進行形で噛み続けている蛇の種類すらわかっていないのにもかかわらず……。

●自然治癒に限界を感じたら

とはいえ、人体に限界はやって来ます。治療をしないと毒は抜けません。身体がい

よいよSOSを出し始めたら、大体の人が蛇を遠ざけて病院へ行こうとしますが、ダメな恋愛から離れられない（蛇に噛まれている）人は、ここでも驚くべき選択をします。普通、噛んできた蛇の特徴を病院でお医者さんに伝えて、その情報を元に治療を受けますよね。しかし一部のみなさんはそのお医者さん役をなぜか別の男に頼みます。蛇に噛まれた相談を、別の蛇にし始めるのです。一体どういう了見でこの選択をとっているのでしょう。解決する気なんてさらさらないのでしょうか。

こんなものは手負いのネズミが、わざわざ自分から蛇の前に現れて「蛇さんすみません、ちょっといいですか？」と言いながらゆっくり歩いていく構図と同じです。どうぞ飲み込んでください、と言っているようなものですね。

失敗したばかりなのに、どうして他の男なら大丈夫だと思うのでしょうか。僕は筆を進めるほど「毒が抜けないのはどう考えても自分のせいなのに、わざわざ僕が説明するほどのことなのか」という気持ちに駆られます。

悩まされている時に別の男に相談しても、負の連鎖にしかなり得ないことに早く気付いたほうがいいと思います。

○ダメな恋愛から離れられない人の回復方法

タイトルのアンサーとしては、実体験のある周りの子に聞くのが一番です。傷つけられた精神をどうにかするために、友だちに相談するのが得策かと思います。目的は共感してもらい、慰めてもらうことではありません。本気でダメな恋愛ループから抜け出したいのであれば、目的は見誤らないほうがいいと思います。

そうは言っても、意志が弱く実際は少しでも満たされたいだけの方は、結局別の男に連絡するのでしょうが……。

「この人には自分がいないと……」みたいに、自分を飼い主側だと思っている、なんてことはありませんか。もしそうなら、実際はあなたが蛇を飼っているのではなく、あくまであなたは蛇に飼われている側に過ぎないことだけは、忘れないほうがいいと思います。

021

現実逃避

「やめておきなよ」とどんなに言っても、恋をしている子はなかなかとまりません。あなたがとめても無駄な時があります。ただ、何かあった時に、一度とめた事実はあなたを守ってくれます。

「やめたほうがいいですか……？」と聞いてくる子は、本人もやめたほうがいいと薄々気付いています。とはいえ、本気でやめる気はさらさらないので、とめてもあまり意味がありません。

恋愛や人間関係で人に意見を求め、その通りに動く時は「あなたに言われたからこうしたのに」という逃げにしかならないことがあります。

恋愛で失敗しない人なんて多分いないので

１つひとつの好きに対して

臆病にならず正直に生きてください

022

元恋人を忘れる方法

元恋人を忘れる方法なんてありません。「忘れた」なんて結局自分にウソをついているだけで、当時好きだったのは絶対に揺るがない事実でしょう。

気が付いたら考えなくなっていた場合は、元恋人との接点が急になくなったおかげかもしれません。もし駅でたまたま見かけたら、気持ちは一切揺らがないと言い切れますか。この先本当に何もなく縁が切れれば、完全に忘れたことになるでしょう。

時間が何事も解決してくれると言います。寂しさやつらさを薄めるためにも役立つので、それを理解した上で時間の経過を待つのはいいと思います。

寂しいから、孤独だから、他の人で埋めて上手くいった事例を僕は見たことがありません。メイクで説明するなら、ニキビをつぶしてしまったばかりなのに、直接コンシーラーを塗って隠そうとしているようなものです。

やがて炎症は広がり、最後にはずっと消えない痕になるでしょう。触らなければそこまでひどくはならなかったはずなのに……。

正直、僕たちはそんなに強くありません。元恋人は忘れなくていいです。人生は思ってもないことをどんどんやっていってしまうもの。忘れたいことほど、脳裏に焼き付きます。人生の1ページにはそんなこともあるはずです。

0 2 3

「浮気されたら別れるべきか」論争への終止符

もう飽きるくらいに各所で語り尽くされた話ですが、ここで終止符を打ちましょう。浮気されても別れるべきではありません。付き合い続ける必要もありません。判断するために必要な情報を集めた上で、精神状態を落ち着かせてから決めるのが正解です。

浮気されたら即別れるのも別に個人の自由なので結構です。しかし、次の6項目を順番に確認して、慎重に答えを出すことを僕はおすすめします。

①自分が恋人とこれまでどういう風に付き合ってきたのかを、主観的な視点で振り返ったあとに、客観的な視点でも振り返る
②恋人のいいところと、これまでに指摘しても変わらなかったところをあげる

③恋人がどんな経緯で浮気するに至ったのか、本人に聞く
④恋人は浮気相手をどう思っているか、浮気し始めた当初と現在の気持ちに変化があるか確認する
⑤自分は絶対に浮気することがないのか考える
⑥恋人は今後どうしていきたいのか、本人に尋ねる

加えて、浮気をしたこと自体についてどう考えているのか、聞きたかったら聞いてもいいとは思います。ただ、「本当に後悔していて申し訳ないと思っている」みたいなテンプレートな返答をされるだけなので、正直聞いても仕方ないことです。

◎①②

最大の目的は、主観と客観を現状どのくらい分離できるかの確認です。主観的にこれまでどういう風に付き合ってきたかを振り返り、浮気されたことで、自分の気持ち

がどういう風に揺れ動いているのかを確認します。次に、客観的に振り返ることによって、今の自分は判断能力が残っている状態なのかを理解してください。この段階で主観と客観が入り混じってしまうようでは、今後相手と一緒にいるかどうかを決められるだけの判断能力がある状態とは言えません。その場合は、まず落ち着くことが先決です。

冷静さを欠いたまま③以降に進んでも必要以上に感情的になってしまい、上手く話がまとまりません。②で相手のいいところを思い浮かべて涙が出てきてしまうなら、再度①からやり直しましょう。3回以上主観と客観を行き来すれば、次第に落ち着いてくると思います。

● ③④

事実確認と同時に、相手の人間性を推し量って、今後も付き合い続ける価値がある人物かを見極めます。相手がこういった大きな間違いをした際に「どういうテンションで」「どれくらいのスピードで」「どういう話の持っていき方で」「色々細かく聞かれる前に、自分の口から何をどこまで喋るのか」を探ります。信用を取り戻さないといけない大事な局面で、どんな立ち回りをする人間なのかを確認するのが真の狙いです。

人間性は、自分に非がある時の対応に顕著に現れるはずです。取り繕っても無駄な状況で、どのくらいプライドが邪魔をするのか。表情や視線の動きがいつもと比べてどう変わるのか。細かい部分を見ていくことで、相手の本性を知れます。同時に、相手は矯正したらどうにかなる部類の人なのか、それともどうしようもない救えない人なのか、なんとなくわかってきます。今後隣にい続けるかどうかを決める上で重要なことをチェックできますね。

③④の答えを相手から聞いた上で、あなたが正しい判断をできるかが、今後の全てを左右すると言っても過言ではありません。重ね重ねですが、③④をする前に①②を気持ちが落ち着くまでしっかりやっておきましょう。

◎⑤

ここまで完璧にできたら、⑤⑥を立て続けにやっていただきたいのですが……⑤は本当に正直になってください。

相手と付き合っているなかで1回も他の誰かに心が揺らいだことはありませんか。自分が密かに想いを寄せていたことがある人や、超タイプの人に言い寄られても、絶対に浮気をしなかったと言い切れますか。今回浮気された経験が「相手もやっていたし……」という甘えに繋がりませんか。

兎にも角にも自分が、他者を断罪できるだけの潔白な精神の持ち主かどうかを、率直に正直に判断してください。

ここでウソをついてしまうと、自分がこのあと下す判断への説得力も落ちてしまいます。相手の浮気に言及できる立場も失いかねないのでよく考えましょう。

⑥

こうして必要な情報を全て用意できたら、相手が今後どうしていきたいのか問いただします。言ってしまえば①〜⑤をもとに、最終審査をするわけです。

付き合い続ける道を選ぶなら、一度問題を起こした人との契約延長を自分の意思で決めたことになります。今後何があろうと、たとえ再び浮気をされようとも、審査を通した以上、責任は自分にのしかかります。クレジットカード作成時の審査なんか比にならないほどに、厳しく行ったほうがいいでしょう。それにあたって、精度の高い情報が必要になってくるので、①〜⑤の目的を理解した上で、丁寧にこなしておく必要があるのです。

諸々のリスクを考慮し十分な判断材料を集め、主観と客観を切り離せる精神状態になった上で、この人と今後も一緒にいられるなら、全部自分のせいになってもいいと思えるなら、許せばいいです。そうでないならお別れすればいいのではないでしょうか。

024
「いったん距離を置きたい」は便利なフレーズ

そもそも距離を置いて一体何の解決になるのでしょうか。この疑問点はさておき、付き合っている人に「いったん距離を置きたい」と言われたらどちらの解釈をしますか。

A：別れたわけではないので、距離を置いてじっと待つ
B：自然消滅させたいのだろう。自分も新しい恋愛を始めようと次に進む

カップルが別々の考えを持っていた場合、この恋の結末はどうなるでしょうか。これからの将来を真剣に考えているなら、話し合って解決に向かうのが、一番健全な方法だと思います。冷却期間なんて必要ありません。話し合いを選ばないのは、相手か

ら離れるための前準備です。

このセリフを切り出す側には得しかありません。相手がじっと待っていれば本当にラッキーです。他の子と遊んだ挙句、上手くいかなかったら、都合よく舞い戻って勝手に恋を再開できます。一度解約したサブスクリプションのように……。

待っていなかったとしても、自分が悪者になるのは避けられます。次の恋愛の導入で、「距離を置いていたら他に恋人をつくられて……」と弱っている振りもできます。やはりすごく便利な言葉ですね。

いったん距離を置きたいと言ってきた相手が戻ってきてくれる可能性は、盗まれた傘が戻ってくる可能性と同じくらい低いと思います。くれぐれもご注意ください。

025

「友だちに戻ろう」ほど都合のいい話はない

あなたの恋人を辞めたいので解放してください、という用件を、いかに自分が悪者にならないようにアレンジして伝えるか。「友だちに戻ろう」は、こんなずるい考えから生みだされたフレーズです。そもそも、友だちに戻るルートなんてものは存在するわけがないですよね。

真面目に聞き入れて別れたところで、待っているのは都合のいい関係か、ちょっときまずい関係。このどちらかでしかありません。

言葉巧みに相手を誘導し、存在しないものを、さも存在するかのように思い込ませて恋人関係を解消しようとする「友だちに戻ろう」詐欺。どうやら巷では横行しているようなので、僕はこれ以上被害件数が増えないことを祈っておきます。

友だちに戻る魔法は
存在しません

026

若いうちに知っておいたほうがいいこと①

○なかなか関係性が発展しない時は、思い切ってディズニーデートに誘うのがおすすめです

○自分の素を見せられる人と付き合ったら幸せになれるか？　素を見せられる人と付き合ったことがある人が今幸せか考えてみると答えが出るでしょう

○あまり自分の理想を押し付けないほうがいいです

○「どう思う？」はいいのですが「どうしたらいい？」はいくらなんでも人任せすぎます

○気になっている人が2人以上いる人は相手方に失礼です。お互いのために絶対によくないのでやめたほうがいいと思います

○恋人がわかりやすく優しくなった時は大体よくないことが起きています

○浮気を許しても幸せになれません
○浮気をして幸せになれることもありません
○恋人が自分に黙って他の子と会っていた話はよくありますが、多少は諦めも大切です
○元恋人に新しい恋人ができたのであれば、大人しく手を引いたほうがいいと思います
○「相手を傷つけずに振りたい」なんて偽善にすぎません。より一層相手を長期に渡って苦しめることを全く理解できていないです
○学生時代の恋愛は基本的に終わりが来るものです。あとのことを考えて別れらずにいる状況に陥る必要はありませんが、付き合うこと自体をライトに考えていいわけではありません

027

切り札は水族館デート

水族館デートを提案すると次に会う口実をつくりやすくなります。

1回目のデートは映画館をおすすめします。好きな人とは長い時間一緒にいたくなりますが、あえて15時台から始まるものを選んでみてください。映画が終わったら、感想などを話しつつ、このあとどこに行くか決めていきます。

この時に水族館を提案するのがベストです。ご存じかもしれませんが、水族館は夕方には閉まります。15時開始の映画を観たあとでは間に合いません。行けないからこそ「次は水族館に行こうよ」と気軽に誘いやすくなりませんか。

水族館＝デートスポットは周知の事実なので、水族館に行くのを快く受け入れてくれたら脈アリだと思います。もしくは押しに弱いタイプです。ぜひこのまま押してみてください。

水族館は撮影スポットが多いので、一緒に写真を撮りやすいです。バックに水槽を入れて、2人で写真を撮るのは自然なことでしょう。水族館をまわったあとにはたいていショップが待ち構えているので、思い出の品をお揃いで買えるのも水族館が最強な理由の1つです。

2回目で水族館に誘うのは少し早いと感じるかもしれませんが、それがいいんです。3～4回目だと順当すぎます。本来ならもっと後ろに持ってくるものを、前に持ってくると相手は夢中になりやすいと思います。

それの行き着いた先が、付き合う前に身体の関係を持ち、好きになってしまうことではないでしょうか。早く与えられてつい思い焦がれてしまった経験に心当たりはありませんか？

028

デートは質か量か

これは考えなくてもいいです。正確には、この2択で考えないほうがいいです。いくら真剣に考えたところでケースバイケースなのですが、それとは別に「考えないほうがいい」と言い切れる理由があります。

質か量かの2択で考えてしまうと「本当はこういうデートをこれくらいできたら理想だけど、現実はこうだから……」という思考回路にどうしてもなってしまいます。この我慢が、後々悪さをしてきます。

一方が忙しくて会える頻度が低い場合、2択で考えると「本当はもう少し会いたいけど、相手（あるいは自分）が忙しくて会おうにも会えないので、質を取る方針にしよう」となると思います。ですが「もう少し」にこもっている熱量は、半年後や1年後も続いているかどうかわかりません。熱が落ち着いて、別に質も量も気にならない無関心とも言える状態になっているかもしれません。

そこまではいかなかったとしても、我慢癖がついたら、相手への熱量の落差が白分のなかではっきりわかってしまうようになります。その気付きが、より一層相手への気持ちが冷める要因になりやすいです。恋愛は基本的に熱量が落ち着いてくるものです。「前より相手への気持ちが冷めちゃったんだな」と気付いてしまう時が、どこかのタイミングで絶対に来てしまいます。

◎協調性

できれば、気持ちの変化に気付かないほうがよくないですか？気付かない、というよりも「冷めた」と感じないようにできるなら、それに越したことはないと思いませんか？

その方法、なんとあります。双方が「協調性」をベースに考えるようにするだけです。デートに限らず、恋愛全般に関して適用できるといいですね。相手とどういう風に付き合うかを考える上で、協調性を持って、折り合いをつけていけば、ここまでの話が全てひっくり返ります。

「相手の無理のない範囲で会って、デートの質はお互い工夫して一緒に高められればいい」

「自分が忙しいことが原因で会える頻度が落ちているので、デートの質はなるべく率先して高める。我慢させてしまっているだろうから、相手の要望もなるべく叶えていきたい」

先程と同じく、会える頻度が低い場合、こんな考えに変わるはずです。というか、変わって欲しいのですが……。

自分の意見を押し殺すこともなく、協調性を大切にすれば「自分はこうなのに……」と我慢する必要がなくなります。気持ちの変化に敏感になってしまって冷めが加速する、こんな残念な現象とはもう無縁です。

○山田飛鳥。がそう言っていたから

相手の状況によって、自分の立ち回りが変わるのは至極当たり前です。相手の幸せも、きっと自分の幸せになります。今日からでもぜひ試してみてください。

付き合っている相手によっては、痛い目にあうかもしれません。それは、そんな人を選んで付き合っている自分も悪いです。お互い思いやれない限りは、どの道別れることになると思います。

デートは質か量か、なんて今日から生涯考えずに過ごしていただいて結構です。それでもし、誰かに怒られることがあったら、僕のせいにしていただいて構いません。僕はどうなっても大丈夫です、協調性を持って生きているので。

「協調性」「理解という名の我慢」
「嫌なことは嫌だと伝える強さ」「絶対に別れない意志」
本当はこれだけでどうにでもなるはずです

029 デメリット∞

付き合う前にハードルを越えて関係性を進めるデメリットは∞です。交際に発展するまでのルートを丁寧に考えてみればわかると思います。連絡先を交換する→デートを重ねる→付き合う→手を繋ぐ→キスをする→お泊まりをする……。大まかに説明するとしたらこんな感じでしょう。

一気にハードルを飛び越えて、身体の関係を持った人は、果たして手前のハードルに戻ってくるでしょうか。本来なら手に入れるまで時間がかかるものが、最初の段階で手に入ったにもかかわらず……。

誠実さや愛情だけで、恋愛は成り立たないと思います。失礼な言い方ですが、恋愛には攻略する楽しさも絶対にあります。「この人はどうやって褒められるのが好きか？」「こうすれば上手くいくか？」と考えを巡らせたことはありませんか。

「どうやったら付き合わずに身体の関係を持てるか？」と考える人だっています。その気持ちは、クレーンゲームで遊んだ時に百円で取れたらラッキーだと思うのに似ています。最初から五千円で売られていたらためらいますが、百円でとれる可能性があるならやってみようと思いますよね。百円で取れたら思わず友だちに自慢したくなります。

何かに興味が向くのは物であっても人であっても変わりません。猫じゃらしで遊んでいる猫を見て、「君は遊ばれているだけだよ」と現実を教えようとはしないでしょう。その時楽しければそれでいいし、本当のことなんて知らせる必要はありません。

そんな風に思われたくないなら、付き合う前に身体の関係へ進めるべきではないです。自分の誠実さは、誠実さを向けてくれる人に対して持つことが、何よりも大事なのではないでしょうか。

030

「そういうお友だち」について

2回以上観たい映画って、すぐに思いつきますか？

映画館で観た映画をいつも再び観に行きますか？

「そういうお友だち」にされてしまう子は、一度最後まで観た映画と同じだと思っています。でも、何度でも観たくなるほど心に刺さった映画もありますよね。「そういうお友だち」から付き合えたレアケースは、それだったたんです。響いた映画なら全部内容を知っていても、飽きていても、別に観ていられます。

自信がない人ほど、付き合う前に身体の関係を許してしまう傾向があると思いますが、「自分は何度でも観たくなるほど最高傑作の映画です」と胸を張って言い切れますか？

031

都合のいい関係にならない方法

ちょっといい感じになったからといって、付き合う前に手を繋いでしまうのはいい加減やめませんか。

付き合っていないのに手を繋げたら、相手はどう思うでしょうか。もっと先まで簡単に許すのか、試されてしまうかもしれません。本当にこんな恋の結末を望んでいますか。

「付き合うまでは絶対に無理」

「私がそうでありたいから。私の生き方に文句をつけないで」

都合よく扱おうとしてくる人には、こうやって言ってやればいいです。意志の強さを見せつけられると、相手は攻略したい気持ちが高まります。そうやって夢中にさせれば、都合のいい関係にはならないと思います。

もし雑に扱われたら怒ったほうがいいです。相手に遠慮する必要なんてありません。甘い雰囲気や言葉に流され、一瞬の快楽に飛びつかないかどうかで、その人との付き合い方が今後大きく変わることを忘れないでください。

夢を持たせてくれる人と付き合うべきではないでしょうか。手を繋ぐ行為も、恋人同士になる瞬間も、ロマンティックですよね。ディズニー映画も、恋愛映画も、夢が詰まっているからこそ惹かれませんか？

自分の人生を映画にした時に「このカットは使いたくなるな」と思える1日を今日から過ごしましょう。人生の責任を取ってくれない人からは離れてください。自分のことは自分で決めましょう。胸を張って、かっこいいと思い続けられる人生を送ったほうが絶対にいいです。

032

遠距離恋愛のコツ

遠距離恋愛は上手くいくわけがありません。唯一のコツは、早く近距離になることです。

すぐに会える距離にいないなら、不確かなことが増えていきます。相手の行動を把握できない不安、そして孤独との戦い。悩みの種がなくならないのは、当然のことかと思います。

悩むくらいなら、相手に期待をしないほうがいいでしょう。それでも悩み続けるなら、悩みたいから悩んでいるのではないでしょうか。悩める自分を、幸せだと思ったほうがいいです。

033
復縁してもいいことはない

復縁は上手くいかない場合がほとんどです。復縁するまでの期間が短いほど、その可能性はあがります。前回は相手に嫌気がさして別れる結末となった人のほうが多いのではないでしょうか。また同じようなことで衝突したら、別れる選択肢が浮かびやすい状態といえます。

復縁は自分の価値を下げることも知ってください。復縁を繰り返すほど、一緒にいる相手がアクセサリーのような感覚になっていきます。恋人から簡単に取り外しができるアクセサリーなんて、相当な落ちぶれ方です。

復縁が叶ったら自分が再評価されたように感じますが、相手は失うことの怖さに怯えているだけだと思います。よりを戻したくなったら、貴重な時間を割くに値する相手なのかもう一度よく考えましょう。

034

恋人のスマホ

恋人にはスマホを見せないほうがいいと思います。一度見せるのを許すと、他の要求のハードルが下がるからです。「前は見せてくれたのにどうして？」理論がまかり通るようになってしまいます。スマホを見られるのが当たり前になれば、位置情報の共有など要求がエスカレートしていくでしょう。監視されるようなきつい待遇が続けば、恋人なのに、一緒にいたい人ではなくなってしまいます。

「絶対に気にしないから」と前置きをしてスマホを見たがる人がいますが、スマホを見たがる時点で気になっているでしょう。本当に気にしない人は見たがりません。

スマホには、やましい何かが入っている確率が極めて高いことも、スマホを見せないほうがいい理由の１つです。どんなにクリーンな人でも、誰かに見られたら「ん？」

と思われることの1つや2つはあります。消し忘れた元恋人の連絡先や写真があるかもしれません。どんなに清廉潔白な人にも、恋人に対して隠しておきたいと感じてしまうことは絶対にあります。

浮気ではないと恋人に説明したとしても、恋人は素直に納得してくれるでしょうか。恋人は「見られたくなかったのに、追及されたから言い訳しているな」と疑ってしまいませんか。自分にとっては本当のことでも、ウソだと思われてしまうなら、見せないほうがお互いに幸せだと僕は思います。

相手を知るほど、魅力は擦り減っていきます。全てを知ってしまうと、相手に興味を持つ理由がなくなります。スマホを見せていいことなんて1つもないので、見せないことを推奨します。

035

流される子は幸せになれない

今付き合っている恋人との楽しかった思い出を理由に別れられない人は、幸せになれません。きっと次の恋愛でも、同じ理由でエンディングを見つけられないと思います。目の前のものを大事にしすぎていては、先なんて見られません。

なによりも今までの楽しかった思い出を理由に相手に縋っている時点で、不幸だと思いませんか。不幸のなかで幸せを見出し続けていたら、一体いつその関係を終わらせられるのでしょうか。

いい加減、過去の思い出に縋りつくのはやめて現実を見てください。過去ではなく、今とこれからを生きていくのが人間です。まず大事にすべきは、今一緒にいたいと思えるかどうかです。もう過去の幸せは、やってきてくれません。

036 別れてから気付く大切さは浅はか

別れた直後に「やっぱり好きかもしれない」と思い始めた時、一時の気の迷いだと思ったほうが身のためです。この気持ちに関しては、向き合ってもいいことはないと断言しておきます。

確かな感情でしょうが、それは別れたから得られた盛り上がりではないでしょうか。本来の付き合いのなかで生まれた熱ではなく、相手との恋愛に摩擦が起きて、一瞬熱を持っただけです。復縁してもその摩擦がずっと続いて関係が温まることなんてほぼありません。

一時の気の迷いと思い込み、次の恋愛に進んだほうが、よっぽど建設的です。もし戻ってしまったら、自分が他の人と幸せになれる未来を逃してしまうかもしれません。

037

恋人と長続きするコツ

「恋人」と長続きするにはどうすればいいかを考えていても、なかなか答えが出ないと思うので、一度「家族」を想像してみてください。

家族といる時に、煩わしいと感じた瞬間はありましたか？

みなさんが家族にされて煩わしいと感じることを恋人にしていたとしたら、長続きしないと考えてください。自分の話を途中で遮られた時、自分のことをわかってもらえなかった時は不満が溜まりやすいのではないでしょうか。他にも、でかける時に「どこに行くの？」「誰と？」「何時に帰ってくるの？」と行動を全て握られることとか……。確認自体は嫌でなくても、でかけるだけなのにいくつもの質問をぶつけられるのは、面倒かもしれません。

家族にされて嫌なことは当然、恋人にもして欲しくありません。恋人のことなら何でも知っておきたい気持ちを抑えるのは難しいでしょうが、人の振り見て我が振り直せと昔から言います。

面倒くさいのを引き受けるのも恋人の役目だと思うかもしれませんが「面倒くさくない子」がいるのも事実です。恋人を縛りつけすぎると、恋人は「面倒くさくない子」のほうがいい関係になれそうとそっぽを向き始めるかもしれません。好きという感情だけで我慢できるうちはまだいいのですが……。

◎浮気されないコツ

ただ、自分が何もしなかったらいつの間にか恋人がいなくなっていた、なんていうのもよくある話です。ＳＮＳで気軽にメッセージを送受信できるようになり、浮気の機会が増えた現代では、カレンダーアプリの共有くらいはやっておいたほうがいいかもしれません。

縛りつけるのではなく、最小限の情報共有を心がけるのが僕はいいと思います。カレンダーアプリでは、詳細な時間は省いて「友だちとごはん」などおおざっぱに予定を書くくらいがちょうどいいでしょう。

恋人と長続きするコツは、相手が動ける自由をつくり、窮屈にはさせないことです。

038 倦怠期については考えない

わかりやすい形で倦怠期が訪れるかは人それぞれだと思いますが、間違いなく関係性が落ち着くタームはあるでしょう。世間に「倦怠期＝悪」という価値観がはびこるあまり、どうやって改善したらいいのか悩むと思いますが、これがそもそもの間違いです。

倦怠期が訪れないようにするためにできることなんて、ありません。重要なのは、考えすぎないことだと思います。無茶なことを実現させるのではなく、いかに現実的に上手くまとめていくか。これが恋愛なのではないでしょうか。

身近にずっと円満なカップルがいるかもしれませんが、本当にそうなのでしょうか。SNSで、テーマパークで撮影された、幸せそうなカップルの写真を見かけたとします。その1枚を撮るには、お財布にやさしくない金額の入場料がかかります。恋人に言えないような秘密を抱えていても、写真ではわかりません。もしかしたら2人はこのあとこじれるかもしれません。どんな別れ方をするかなんてことも伝わりません。見せたくない部分は隠せます。

上手くいっているカップルを見たら憧れを持つでしょう。僕たちは同じだけの人生を歩んで来ているので、自分だけ悩んでいるなんてことはなかなかありません。他人の幸せそうな瞬間だけを見て「倦怠期がなさそう」と感じたとしても、きちんとあるはずです。

倦怠期に関しては考えたら負け、といってもいいでしょう。もしも倦怠期を越えられなかったのであれば、そこまでの関係だっただけです。

記念日にあけた
ワインのコルクですら
やがて香らなくなっていきます

039

勘違い

「ドキドキしないから好きじゃないのかも」と言っている人は「この子、ラグドールじゃないから猫じゃないのかも」と言っているのと変わりません。

第3章

結局、好きは変わる

040

「好きじゃなくなったかも」は、もう好きじゃない

恋人を好きかわからなくなった時は、ほとんど、もう好きではありません。別れ話になった時に、「やっぱり好き」と思い直しても、その「好き」は、以前の「好き」と別物だと思います。

文房具を愛用していて、「いらなくなったかも」と思ったら、もう愛着はないですよね。恋人の話になると、「まだ好きかも……」と言い続け、認めたがらない人が多いことが、僕は不思議です。

「好きじゃなくなったかも」という言葉に逃げていませんか。現実にしっかり向き合い、恋人に嫌われましょう。自分都合で振るなら、恋人にとってあなたは、「悪者」なんですから。一日一日に責任を持って生きてください。

041 思わせぶりの真実

本命の相手には、思わせぶりなことをしません。本気で好きなら、相手が自分以外の誰かのものになってしまうリスクに怯みます。たとえ自分に好意を持っている節があったとしても、思わせぶりなんてそうそうできない場合が多いです。

自分が傷つく未来が想像できてしまう局面に直面したら、人はとても慎重になってしまいます。「これだと変かもしれない」「嫌われたらどうしよう」いい感じの人とのデートに着ていく服1つで過剰な心配をして時間が溶けてしまった。こんな経験に心当たりはありませんか。

もう言うまでもないと思いますが、念のためお伝えします。本命でなければ思わせぶりなことはいくらでもできてしまいます。誠意なんて1ミリもない人に対して思わせぶりなことをするのは、相手をひっかけて楽しんでいる場合が多い……いや、全部そうだと思います。

恋愛は戦のようなものですが、はじめに正攻法を取らない理由はあるのでしょうか。お互いが思いやりの心を持っていない恋愛は上手くいかない気がしませんか。仮に付き合えたところで、本当に幸せになれそうでしょうか。

まあ一瞬は幸せかもしれないですね。どこまでその一瞬のために生きているのか僕は気になります。

淡い期待を抱いてしまっている場合は、自分が本命ではないことをまず自覚しましょう。そして自分の気持ちが「好き」から「執着」に変わっていないか問い直してください。

０４２
遊ばれるのは究極のｗｉｎ－ｗｉｎ

恋愛は各々のモラルで成り立つものです。規則がなければ、場を荒らす者が現れるのは不思議なことではありません。世に言う、遊ばれた人や本命になれなかった人が出てきてしまいます。ですがその人たちは被害者ではありません。

「もしかしたら付き合えるのかも」「恋人同士になれたら……」と脳内にお花畑が生成されていませんでしたか。薄々遊ばれているとわかっていながらも。

抜け出そうと思えばいつでも抜け出せました。ＳＮＳも全てブロックして（できないなら友だちが代理で）自分から離れればよかっただけです。特段難しいことをやる必要はなかったのに、どうしてやらなかったのでしょうか。裏を返せば自らの意思で切らなかったことになり、もはや「遊んでいただいた」と言っても過言ではない気がします。それなのに被害者とはこれいかに……。

遊ばれたと嘆く人はこの手の話になると「でも諦めたくなくて……」「こんなに好きになれる人はきっともういない」といったことを言い始めます。こんなことを言っている間は同じようなことを繰り返すだけです。さすがに気付いていると思いますが本当に何のメリットもありません。

○思わせぶりなことをしてくるような人でも好きなので一緒にいたい
○一緒にいられる環境を失うのがこわい
○自分が傷つく不可避な未来を先延ばしにしたい

この3つしか考えていないことに問題があります。

○どうせ付き合えない
○好意は必ずしも返ってこない
○早く切ったほうが身のため

こちらに切り替えるところから始められるといいでしょう。「ダメ元で」という考えでいればダメージは少ないですが、潰しかけた希望をダメ元で通そうとするのは虫がよすぎます。

子どもの頃に読んだピノキオの話を思い出してください。ずるい狐に騙されているだけです。

043

敵はそんなに大きくない

気になっている人の言動にいちいち惑わされたり、思わずにやけてしまうようなＬＩＮＥがきて浮かれたり……。そんなものは下手な駆け引きの一環、あるいは、ただの天の邪鬼な行動です。まともに取り合わないほうがいいと思います。

思わせぶりな行動をとってくる人は駆け引きが上手いように見えます。実際は全くそんなことはなく、引き出しも少ないです。

相手の思惑にはまらない変則的なパターン、つまり逆張りの対応をすることをおすすめします。深夜にかかってきた電話に出たくなってしまうのであれば、あえて出ない。ＬＩＮＥの返信をかなり遅らせる。「かわいい（笑）」とか送られてきたら2日無視する。このような感じです。

自分のやり方が通用しなければ、当然困惑します。相手の自信を喪失させていけば、あなたはいわゆる「追われる側」となり、恋愛を有利に進められると思います。まずは相手が駆け引き下手な人間であることを明らかにしてみましょう。

●信じなければ騙されない

思わせぶりな言動は相手の感情を弄ぼうとするところから始まっています。好きならストレートに告白すればいいはずです。そんなどす黒いものにピュアな感情をぶつけてもただ負けるだけです。欲しいものを手にいれたいなら、自分も多少は汚れないといけないのではないでしょうか。恋愛、いや、対人関係はそんなに綺麗なものではないと思います。みんながみんな都合よく相手に好きになってもらえるなんてことはありえません。

最後に、別にそんなに好きでもない子とまめにＬＩＮＥができる人は、結構いると思います。

044

知っておいたほうがいい元カノの真実

大袈裟なタイトルですが、きっとみなさんの天敵に関するお話なのでちょうどいいでしょう。結論から言うと、元カノ＝切っても切れない存在です。もう少し詳しく説明すると元カノは3種類いると思います。

①正直未練がある元カノ
②頭のなかになんだかんだ残っている元カノ
③色々な意味で「もうないかな」となっている元カノ

○①の元カノがいる場合

言うまでもなく絶対に付き合わないほうがいいです。いつどこで自分を捨ててくるかもわからない元カノエンカウント式時限爆弾のような危険な道を選ぶ必要はありません。

「やっぱり元カノが忘れられない」「たまたま見かけて『行かないといけない』と思った」普通恋人には言わないこんなセリフを平然と吐かれる可能性が高いです。決して心の底からあなたに向き合ってくれません。そんな相手なら、たとえ好きでも即刻選択肢から外したほうがいいでしょう。

○②の元カノがいる場合

こちらもかなり危険です。僕は完全に吹っ切れることはないと思っています。数ヶ月から数年単位で見れば吹っ切れる期間があるかもしれませんが、何かのタイミングでばったり出会ったら揺らぐでしょう。少なからず気持ちのなかだけでも再燃するかもしれません。

あらゆる面で相性がよかったなら、それは再燃どころかまたとないチャンスに変わります。今新しい恋人と付き合っていても、とりあえず恋人がいないことにして元カノと再び……となってもおかしくはないです。倫理的にはおかしいですが。

残念なことに最も多いのは②の「頭のなかになんだかんだ残っている元カノ」がいるパターン。①の「正直未練がある元カノ」を抱えられているよりはまだいいですが、元カノエンカウント式時限爆弾であることは同じです。

もしあなたがそんな恋人に入れ込んでしまっている場合。万が一、恋人が元カノと何かあった日にはとてもではないが耐え切れないなら、自衛のためにそこから五歩ほど引いた付き合い方にシフトすることを推奨します。

●③の元カノがいる場合

不思議なことに顔や雰囲気が似たような人に出会ってもアタックしないくらい本当に心残りがありません。恋人の元カノが全て③に該当するのであれば理想的だと思います。しかしその確率は、トランプゲームの大富豪で最初に配られる手札のなかに3枚ジョーカーが来るくらいでしょうか。

●あなたにできること

①の元カノがいる人はやめておきましょう。あとは好きになった人の元カノが全て③であることを願うか、②である可能性を考慮して入れ込みすぎない関係性を築くことです。はたまた元カノについての情報を知らなかったことにして思い切って恋愛を楽しみ、危険に立ち向かっていくかどうかの3択です。

045

好きな人と付き合う方法

明言は避けますが、人の素はあまりよろしくないものとされることもありますよね。ではどうすれば好きな人に、素のままの自分を受け入れてもらえると（正しくは押し付けられると）思いますか。

カモフラージュして、中身が見えないようにして渡す方法が、1番手っ取り早いと、僕は思います。例えば、人の素が常温保存で72時間以上経過して形が崩れてしまった（ではすまないと思いますが）ショートケーキだとしましょう。このままの状態で誰かに渡すのは、良識のある人であれば間違いなく気が引けるでしょう。相手もどうにか受け取らない方向に話を持っていこうとしそうです。

受け取ってもらえない＝付き合えないので、お相手には本当に申し訳ないですが、どうにか受け取ってもらう必要があるわけです。別に無理矢理押し付ける形でもいいとは思うのですが、気持ちよく受け取ってもらうことが理想でしょう。

ケーキ自体がもう色々な意味でどうにもできないことを考慮すると、ケーキそのものは絶対に見せない手口を取らざるを得ないことは明白です。そうなるとケーキを隠すための箱と紙袋が必要になってきます。綺麗な箱を選び、リボンなどで包装するとなおよいですよね。紙袋まで用意すれば持ち帰りやすくなるでしょう。

◉渡したい相手がどんな人か

ブランド物が好きな高級志向の人であれば、箱やリボンは華やかなものにした上で有名店の紙袋に入れると喜ばれます。シンプルなものが好きな人なら真っ白な箱をその人が好きな色のリボンで飾り付け、程よいサイズの紙袋に入れて渡すのがいいでしょう。相手が自分から手に取りたくなるような状態に仕上げるのがベストです。

◦相手に合わせたキャラづくり

○相手に合わせて服装や髪型、言葉遣い、趣味など設定をつくる
○相手が受け取りやすいような状況にする

この3つを相手に悟られないように遂行できるといいでしょう。誰かに好きになってもらいたい時は、あまり自分のありのままを見せないほうがいいです。

素の自分を受け入れてもらうのは、付き合ってから一定期間が経ち、「今はこの子を切り捨てにくい」と相手が感じる頃をおすすめします。どんなに綺麗事を並べたところで結局付き合えなかったら何にもなりません。そこまで辿り着くことを目標に距離を詰めていったほうがいいです。

○注意したほうがいいこと

周りの誰かに本性を知られていると、「うわ……ぐちゃぐちゃのケーキを綺麗な箱に入れてどうにか渡そうとしている……」と思われます。もし告げ口をされたら、積

み上げてきた努力と綿密な計画が全て水の泡になってしまいます。

告げ口をするような人がちゃっかり自分の好きな人と付き合うことになった、なんてことは珍しくない話な気がします。そんなバッドエンドを迎えないためにも、軽率に自分の本性は誰かに見せないほうがいいと思います。

ここからは相手が年下の場合と年上の場合に分けて、それぞれどのようなキャラづくりをしていくのが無難かお話しします。

046

年下攻略法

「先輩面をしないものの、明確な線引きはきちんとしている年上」というキャラづくりをすることです。時にタメ口でも喋れてしまうような親しみやすさはあっても、同級生同士の距離感ではないのでナメられない一枚上手の人、と相手に思わせるといいでしょう。難しく感じるかもしれませんが、つくり方は至って簡単。

①ノリをよくする
②時々出るタメ語は許すけど基本は敬語で話させる
③嫌なことやダメなことがあったらその旨を伝える
④遊びに誘う時はあくまでこちらが誘いたい時に誘う
⑤相手から会おうとしてきてもたまには適当に理由をつけて断る

⑥ここまではＯＫ、ここからはＮＧという線引きを明確にする
⑦何があっても流されない

この７つの設定を守って接するだけで大丈夫です。

大切なのは「自分を下げないこと」と「よき年上であること」。こと年下相手の場合は②と⑥だけでもできていれば下に見られることはなくなるので、少なくともこの２つは完璧に演じられるようにしましょう。

047

年上攻略法

相手が年上の場合、無難なキャラ設定は次の通りです。

①ノリをよくする
②時々タメ語にしつつ基本は敬語で話す
③相手に嫌なことやダメなことを指摘されたら聞き入れる
④遊びに誘うなら、あくまでこちらが誘いたい時に誘う
⑤相手から会おうとしてきてもたまには適当に理由をつけて断る
⑥ここまではＯＫ、ここからはＮＧという線引きを明確にする
⑦何があっても流されない

ものすごく似た文面をついさっき見たばかりだと思いますが、②の立場が逆になり、③が受け身の立場になるだけで、キャラづくりに関して特段変えたほうがいいポイントはありません。押さえるべきポイントは同じで「自分を下げないこと」と「よき年下であること」だけです。

目指すべきキャラクターは「年下だけどいい意味で年齢差を感じない具合に話してくれる子。それでいて自分の軸をきちんと持っていて精神的な余裕がある、時折同い年だと錯覚しそうになることもあるちょっと大人びた子」。

最後まで演じられれば必然的に周りとは違った雰囲気のキャラになるため、遊ばれるような心配が大幅に減ります。

不動の人気がある「余裕があってかっこいい年上の人」はこのようなキャラの年下が好きであることが多いと思います。難しく捉えずに、書いてある通りにやってみるだけで上手くいくはずです。

自分らしく生きるのが
一番魅力的なことを
人は忘れがちです

048

適材適所

好きな人と距離を縮める方法は、2つあります。相手が来てくれるのを待つか、自分から接近していくか、このどちらかです。

相手が勝手に近付いてくれる、そんな上手い話は、なかなかありません。上手い話には大体、裏があります。相手に来てもらうには、あなたは打算的に動く必要があります。

それが無理なら、ストレートにいくしかありません。共通点がないなら、気合いで話しかけるしかないです。共通の話題は、無理矢理つくるしかありません。身の回りにいる「自分から接近できる人」を参考にして、勇気を出しましょう。

どちらもできないなら、受け身の恋愛をし続けるしかないのではないでしょうか。

049

元カノには勝てない

元カノとは別れていたとしても、元カノには勝てないのが真実です。元カノはまだ恋愛に対して右も左もわからない状態の時に、色々と経験させてくれた存在です。

社会でも同じだと思いますが、エジソンやライト兄弟のように何かの基礎をつくりだした人は、特別な存在だと思います。もちろん、今の時代に合わせて改良を加えて使いやすくしてくれるのは、現代に生きて仕事をしている人たちですが、では「エジソンやライト兄弟に勝てるか」と聞かれた時に即答はできないでしょう。

もしかしたら恋人は、元カノに言われて気付いたことをあなたに実践し、あなたはそれによって恋人のやさしさを感じているかもしれません。自分の見ている恋人は、ほとんどの場合が元カノによってつくられたものです。元カノを忘れて欲しいとか、元カノに勝ちたいとか思うのはナンセンスではないでしょうか。まだ、誰とも付き合っていない素を知っているのは、最初に付き合った元カノだけです。それを忘れないでください。

残酷なことを書きますが、今付き合っている人に「それはやめてよ」と言ったり「それは傷つくよ」と指摘したりするのは、次の恋人になる人が美味しく食べられるように仕込んでいる状態です。他の子に仕込まれた恋人と一緒にいるので、これはもう避けようがないです。

もし、とても長い期間付き合うなら、みなさんが「勝てない元カノ」になる確率は高いです。

●思い出補正

なぜ、こんなにも元カノが強いのかというと、思い出は美化されていく特性があるからです。大人もよく言いますよね。「昔はよかった」って。当時も人間関係の軋轢や失敗がたくさんあったはずですが、10年も経てばいい思い出になります。

それは元カノも同じなので、今ケンカしている目の前の恋人と、数年前の元カノを比べた時に、元カノが勝つのは当たり前です。

元カノに勝とうなんて思わないでください。負けが確定している戦いを仕掛ける時ほど、むなしい時間はありません。

第4章

欲しいものって
そう簡単には手に入らない

050

「いい人なんだけどね」は報われない恋の始まり

これはただの断り文句で、自分が悪者になりたくないだけです。前提として人は「望んでいないもの」に弱いです。

「なんでも望み通りのいい人」というフレーズだけ聞くと理想の恋人像に思えるかもしれません。アルバイト終わりに「会いたい～」と言ったら駆けつけてくれる。電話をかけたら喜んで出てくれる。一般的に望まれそうなものをやっても、相手には効きません。相手が望むようなシチュエーションをつくるには、相手が望みそうなこと、やってもらったらいい気持ちになりそうなことを、やらずに焦らすべきです。

好きで必死になっていたら、相手の承認欲求を満たせそうなことをやってしまうと思いますが、それで報われてきましたか。実際は、あまり報われていないのではないでしょうか。安心させてくれるとわかりきっている人よりも、何を考えているかわからない人を追いかけたくなるのが人間の性です。

顔で沼らせてくる、駆け引きをして沼らせてくる、言葉巧みに沼らせてくる……よくこんなことを言っている子をみかけます。ですがそれは、好きな人に振り向いてもらえなくても離れたくない時の言い訳材料が欲しいだけなのではないでしょうか。裏を返せば言い訳をさせてくれるようなずるくて、「いい人」とは正反対のタイプに弱いということです。残念ながら、報われるのは「いい人」ではありません。そういう相手に対して、どんな要求にも応える「いい人」になるのは目標から離れていっているようなものです。

051

付き合う前は引き算、付き合ったあとは足し算

女の子が恋人を育成するような恋愛をおすすめします。おそらくこれが理想的な恋愛の形だと思います。

デートに遅刻されたら「ごめんなさいは？」ときっちり謝らせてしまっていいです。「今日のデート代全部奢りね」くらい言っても大丈夫です。

料理が運ばれてくるまでの待ち時間に、恋人がスマホばかり見ていたら「はい、見ない～」と没収してしまっていいです。

減点式よりも加点式のほうがいいに決まっています。「付き合った頃はあんなに優しかったのに……」となってしまったら、なかなか立て直せません。根気強く恋人の嫌な部分を直していけば、知らず知らずのうちに加点できる要素が増えていきます。

「ずっと一緒にいるために、変わってくれている」と感じられるようにもなるので、関係が深まり、いいことずくめです。

当然ですが、他人に何か物申すのであれば、自分も人様にご指摘を受けないようなモラルある行いをしましょう。

恋愛が本当に楽しくなるのは3年目以降

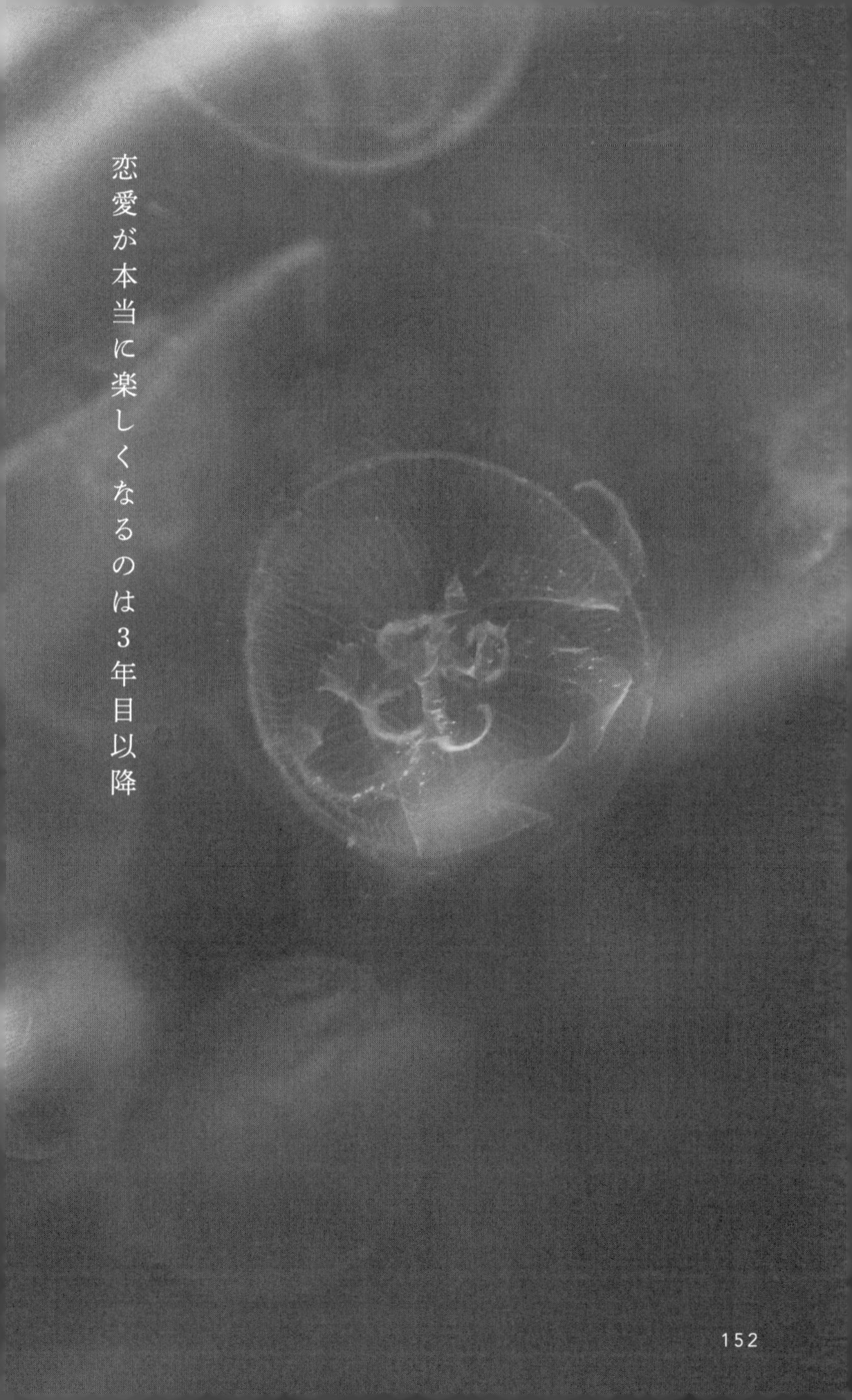

052
「押して引く」の正しい使い方

恋愛は「追う側」が立場的には下で、「追われる側」が付き合うかどうかの最終的な決定権を握るので絶対的な上に立ちます。そのため、自分がどちらになるかが極めて重要になります。はじめは追う側から始まっても何の問題もありません。一度「追う側」「追われる側」が決まっても、逆転させることができます。

これは、僕の必殺技です。気になる相手から興味を持たれていないなら、自分から押してけしかけて、「なんかきた」と自分への一定の興味を持たせてみてください。そのあとに引くことで、相手が「好いてくれる人」がいなくなってしまう不安を感じたら、勝手に追ってきます。

はたまた、なんだか遊ばれている感じがするような相手なら、「最近新しい本命ができてそっちに行こうとしている」ムーブをすればかなり効くはずです。

一度告白して失敗したとしても、その恋はまだ終わっていません。すぐに離れずに相手に余裕を与えたあと、わかりやすく身を引き、相手の目に見えるように他の人との恋愛に進もうとすれば追わせられるというのが僕の理論です。恋愛は追わせれば勝てるゲームだと思います。切羽詰まった方は、冷静に戦略を立てて淡々と実行してみてください。

◎引き方を間違えない

恋愛のテクニックでよく聞く「押して引く」の「引く」は連絡を取らないことではありません。引く時に大切なのは、どこかにいってしまうかもしれないという不安を相手に残すことです。

一番になったところから引きずり落とされるのはつらいことです。「告白してきたから自分に夢中なはず」と、思わせぶりなことをしていても通用していた時期が必ずあります。そんな成功体験をもっている人間に対しては不安をあおるだけで、こちらを追いかけてきます。

告白して振られてしまった場合、1ケ月ほど「好き」アピールを続けましょう。これは後々、より大きな衝撃を相手に与えるためです。

1ケ月経ったら、インスタグラムのストーリーズなどに、他の「いい感じになっている人」の存在を匂わせます。この匂わせは、ご飯を映した手元付近にその人のシャツが見えるとか、手が映りこんでいるくらいが理想です。

こんなことをされたら気になってしまい、そのうち、インスタグラムを見る時間が1週間に1回だったのが、3日に1回に……。こんなに考えてしまうなら、好きなのかもという錯覚すら起こしかねません。

ぎりぎりにならないと人は動きません。予防線を張れる人ってそんなに多くありません。他の誰かに行っている確定的な要素がないと、実際に仕掛けてくるかどうかの保証はできないと思います。明らかに逃げてしまいそうだったら、追わずにはいられません。

この方法はSNS以外でも使えます。自分と好きな人の間に、第三者を挟んで「最近、○○と仲がいいみたい」と伝えてもらうのがいいと思います。先ほどと構図は同じです。ずるいやり方じゃないと、欲しいものってそう簡単には手に入りません。

ポーカーフェイスを崩さない

「押して引く」を実践する時に、絶対守らなければいけないルールがあります。それは自分の本心（好きな気持ち）を悟られないことです。このルールを守れば、告白して振られている場合でも、これからアタックする場合でも、効果を発揮できます。引いた時に相手が誘ってきても、興味が薄れた返しができるといいです。思わせぶりな言葉も効かなくなった状態にあなたがなれば、動揺を誘えます。

「押して引く」が通用しない相手

この「押して引く」を理解している人には通用しないので、相手がどのような人なのか、見極めは大切です。恋愛経験が豊富で、「押して引く」が通用しない人なのか、それとも「押して引く」が効いてこちらに気持ちが向いてきているのかは、その都度確認が必要です。

「面倒くさい恋人」がいる場合や、仕事などの捨てられないものに突っ走っている場合も、「押して引く」を成功させるのは難しいです。恋人が捨てさせてくれない、仕事を捨てたくない状態になっているなら、長期間「待ち」の時間が続くでしょう。

053

恋の組み立て方

気になっている人と距離を縮めるコツは、相手が言って欲しいであろうことを適度に言い続けることです。自分にあまり興味がなさそうだし、本当に自分のことを好きなのか不安になるレベルだけどなんだかんだ飴をくれる。このくらいの関係性が最強だと思っています。

●適度の加減

相手に好かれたい気持ちが透けてしまうと、都合のいい関係ルートになりかねません。「好きとは言ってくれないけど、好きな人にする言動だよな……」と思うくらいがちょうどいいです。要は思わせぶりなことができるようになって欲しいということです。もし今誰かに思わせぶりなことをされて悩んでいるなら、今度は自分が相手を悩ませる側になれば恋の結末が変わると思いませんか。

お腹がいっぱいになるほど飴を与えたら、もう食べたくなくなってしまいます。アピールしすぎなければ、「また食べたい」「また褒めて欲しい」と感じるのが生き物の性です。

思わせぶりなセリフというのは、ベタなところだと、「一緒にいると本当に楽しい」とか「最近ストレスばかり感じていたから久しぶりに安らいだ」などがあげられます。極論「あなたのことが好きです」以外のことを言えばいいだけです。

もし一緒にでかけるチャンスが巡ってきたら、「明日、何着て行く？」「何色の服で行く予定？」と聞いてみてください。相手から聞いたことを受けて、「じゃあ同じ色で行こうかな～」と言うのもいいと思います。

◎好きなものに興味を持ちすぎない

「好きな人が興味を持っているものを知って、共通の話題を持つ」のは、距離感を詰めるためによく紹介されている方法ですが、この距離感を間違えないことが大切です。例えば、相手が「この映画が好き」と言っているのを聞いて「この間好きって言っていた映画観たよ！」と報告。このように、2～3時間を使って休みの日に映画を観るのは「相手に興味がある」とバレてしまう行動です。

それよりは、マンガのようなライトに読めるものを選んだほうがいいと思います。「たまたま試し読みがあったから、1話読んでみた」くらいの返しでいい。好きの気持ちが先行し、ガッツリ読んでその努力を伝えようとしてしまいがちですが、そんなことはしなくていいです。むしろしないでください。

◎ボディタッチを許さない

一緒にでかけた時に、ボディタッチは拒否してください。手を繋がれたとしても自分からほどいてしまって大丈夫です。付き合う前にボディタッチを許すと、「どこまでタダでもらえるのだろう」という意識が強まります。

手を繋ぐことも達成できて、それ以上の関係にも持ち込めてしまったら、もう付き合う理由なんてないです。むやみに成功体験を与えないように徹底してください。

むしろ自分から手を繋いでしまうくらいがいいと思います。相手が「この子に振りまわされている」と思える状況をつくれれば、おのずと勝ちは見えてきます。ボディタッチをたまにしてくれるものの、自分が触ろうとすると許してくれない。そのくらいがちょうどいい塩梅です。

054
猫

あくまで相手といい感じになりたいから、付き合いたいから、とりあえず連絡をしているのであれば、中身のないメッセージを送るのはやめたほうがいいです。

目的や狙いもなく中身のないやり取りを続けていると絶対にダレます。ダレてしまった上でどうにか途切れないようにする自分と、話はそんなに弾まないしなんだか……という相手の間に上下関係ができてしまいます。

自分を下げて相手を持ちあげてしまう意識に問題があるので、まずは自分のことを自分で下げに行くのはやめる。その一環として、LINEやDMでも話が弾まないなら、もう完全にこっちの意思でトークを切り上げるぐらいしたほうがいいと思います。

自分が始めたいタイミングで「ひまー？」とか送って話し始めればいいんです。これを怖がらないでください。怖がっていたとしても相手に悟られないように頑張ることが大事です。

恋愛で追う側は猫です。猫は、突然隠されて見えなくなり、変なところから出てくるおもちゃを追います。あなたも自信をもって相手を振り回したほうがいいです。

中身のない連絡に何か目的があったり、そもそも恋愛なしでいい友だちでいたかったりするのであれば、連絡を続けて大丈夫だと思います。自分の今後を考えて色々決めてみてください。

055

都合のいい関係にならない方法

「自分は何度でも観たくなるほど最高傑作の映画です」と胸を張って言い切れない方へ。付き合っていないのに身体の関係を持ってしまったけど、本気で付き合いたいと思っているなら、残された方法は1つだけです。

ただひたすらに押し続けていく。それだけです。

そのためにも、身体の関係を持つ前に最低限の個人情報は押さえておきましょう。家族がどこに住んでいるか、家の場所、職場、共通の友だちなどです。

相手が、身体だけの関係で捨てた、という悪評（事実ですが）を広められたくない人なら、社会的な盾を使って動いたほうがいいと思います。

情報がつかめれば、あとは押すだけ。

「責任を持たないといけない行動をしたんだから、責任取ってよ」と強気に責めていいです。そんなつもりじゃなかったなんて言われたら、「いじめた側が『いじめたつもりないから』と言ったらなかったことになるの?」と問い詰めましょう。

強気に詰める力が必要になるので、もし身体の関係から始まって、どうしても付き合いたい人がいるなら、この詰め方を極めないと難しいと思います。

したたかな人に勝てるのは
さらにしたたかな人か
呆れるくらい真っ直ぐな人

056

乗り換えではない恋なんて初恋くらい

自分を好きでいてくれる人と付き合うか。
自分が好きな人と付き合うか。

世の中にある、2択から選ぶような問いは、実はどちらも満たせることを覚えておいてください。お金か愛かという論争も、顔か性格かというテーマも、どちらか1つしか手に入らないわけではありません。あまりにこの質問が取り上げられすぎて無意識に「どっちかしか選べないんだ」と考えてしまっていると思います。

この考え方を踏まえて、先ほどの、好きでいてくれる人と自分が好きな人、どちらと付き合うか論争について考えていきましょう。まず、どっちと付き合えば幸せになれるかではなくて、好きな人のことは追いかけ続けて、それと同時に、自分を好きでいてくれる人のことは、自分の自尊心を満たすために上手に利用すればいいと思います。

ピュアな人は、「こんなに残酷なことをしていいの？」と感じるでしょう。でも、私たちの生きる世界はそこそこ残酷です。実際に手玉に取るかどうかは別にして、必要になったらその手段を上手に利用できるか。その考えを持っているだけで、心が楽になります。

もっと自分にとって都合のいいように人を使っていいんだと、自分に思わせてあげることで、「思わせぶりなことをする人」の気持ちがわかるようになります。最初は罪悪感があると思いますが、自分の知らない世界のことを知ると対策ができるようになるのは、どんなジャンルでも同じです。受験もスポーツも音楽もそうです。その世界に飛び込まないとわからないことが山ほどあります。だから、「思わせぶり」な世界に飛び込んでみて欲しいです。そうすると、今まで自分が「脈アリかも！」と喜んでいた行動に隠された気持ちがわかるようになります。

恋愛もそれなりに経験値が必要だし、知識も大切です。何かを攻略する時には武器がないと瞬殺されます。今、目の前にある恋愛に丸腰で挑むのではなく、5年後にある充実した恋愛のために、刀を研いでおきましょう……という話です。

欲しいものを手に入れるために、多少のずるさや汚さも上手に扱えるようになる。それが恋愛弱者が最初に取り掛からないといけないことです。

057

やりようによって効果的に使える「好きバレ」

自分の好きな相手に、気持ちがバレてしまうのはマイナスな部分が多いのは事実です。しかし、好きバレが効果的に働く場合や、失敗を巻き返すチャンスへと変えられる方法があるのも事実。今回は、そのヒントをお伝えします。

●顔に自信がある人は好きバレ推奨

好きバレは、恋愛を勝負ごとになぞらえた時、マイナス点がついてしまうのがセオリーです。しかし、顔に自信がある人にとっては武器になります。好きバレは、いわば恋愛における攻撃なので、誰が攻撃するのかという前提がすごく大事になってきます。

反対の言い方をするなら、顔に自信がない人は好きバレをしないほうが得策です。

◎効果的な好きバレ

一度考えて欲しいことがあります。まだ付き合ってはいないけど「あの人、私のこと好きだな」と気付く瞬間ってありますよね。そういう時、ちょっとだけ心にゆとりが出ると思います。それはみんな同じで、好かれていると感じてしまったら、あぐらをかきます。

このまま付き合わなくてもずっと好きでいてくれそうだと思ってしまうと、なかなか付き合うところまで持っていくのは難しいです。だから、最初は押しに押して好きバレして……という状態を1ヶ月くらい続けてみましょう。相手が安心しきった時に他の人との繋がりを匂わせてみると、「あれ、好きだったんじゃないの？」と慌てて気を引こうとしてきます。

058

思わせぶりに対する幻想

思わせぶりなことをされて期待してしまう自分に悩んでいる、という相談を受けることが多いので、一度ここで思わせぶりについて整理しておきましょう。

今、美味しそうなケーキ店の前にいるのを想像してください。ショートケーキやいちごのタルト、ガトーショコラ、アップルパイ……たくさんのケーキのなかから自分が美味しそうだと思ったものを買います。

家に帰って箱からケーキを出して、いよいよ口に含んでみると「全然美味しくない」。クリームに隠れていたスポンジはパサパサしているし、いちごも甘くなかった。

さて、ここで「美味しそうだと思ったから買ったのに騙された！」と言いますか？

美味しそうだと期待したのは自分です。それを欲しいと思ったのも自分です。多分、お店に乗り込んでいって「騙したな！」と言う人はいないと思います。

自分には合わなかったなと思って次からは買いに行かないだけ。でも、それが好きな人になると、なぜか「騙された」と思ってしまうんですよね。


もう1つ例を出しましょう。誰かに「お金を貸して欲しい」と言われて五十万円を好意で貸したとします。1ヶ月後に「ねえ、あの時のお金いつ頃返してくれる？」と聞いてみると、「う〜ん、どうだろう。もう少しかかりそう」なんて返答が……。それは、もう返す気はないとわかりますよね。

それなのに、「私のこと好きなの？」って聞いた時に「どうだろうね」と答える人には「思わせぶりだ」と言うんですよ。これ、思わせぶりですか？　むしろ、自分の想像力が豊かすぎるのを心配したほうがいいです。

「好きだからしょうがない」とか、「抜け出したほうがいいとはわかっているけど抜け出せない」という子はものすごく多いです。だけど、それを本当に思っているのはただのイタい子です。

ケーキやお金に例えるとわかることが、なぜ恋愛だと分からなくなってしまうんでしょうか。僕にはそれが不思議です。

この恋の結末は私が決める

この内容を読んで「自分もそうかもしれない……」と思えたならまだ救えるかもしれません。今からでも、思わせぶりに対する幻想を捨ててください。きっといい恋愛が待っています。

反対に「自分だけは違う」と思った人は、どうぞその恋愛におぼれていってください。ただし、人に恋愛相談はしないでください。それは恋愛ではなく、周りから見たら答えのない問題でしかないので。

脈のない相手と付き合って迎えるのは、バッドエンドです。仮に付き合えたとしても、それは「付き合った」のではなく「付き合ってもらえた」だけ。自分の立場が相手と対等になることも、上になることもありません。

関係が切れるまでずっと立場は下です。こうなると、ケンカも成立しません。相手には、伝家の宝刀「じゃあ別れる?」があるのですから。そこで「じゃあ別れるわ」と言える子は、そもそも「付き合ってもらう」なんて選択をしません。

059

好きな人に恋人ができた場合、残されている選択肢

好きな人に恋人ができたから諦めないと……なんて悩んでいる人が結構います。しかし、諦めなくても自分が恋人になれるチャンスはあります。そのチャンスをつかむために大切な3つのルールをお伝えするので、ぜひ意識して意中の人を落としてください。

●よき友人であれ

友人なので、もちろんSNSでのやり取りは相手の恋人に見られても問題ない程度の内容にしておいたほうがいいです。ここで露骨な内容を送ってしまうと、恋人からも警戒されて「連絡を取らないで欲しい」と言われてしまいます。友だちに送るよう

なメッセージにとどめる、このボーダーは守りましょう。

よき相談役であれ

ただの友だちではいけません。何かがあった時に気軽に相談できるような距離感をキープできるように意識しましょう。例えば、恋人に対しての不満が出てきた時にアドバイスできるような関係がいいです。

恋人の愚痴は、家族にも話せない人が多いので、「家族にも恋人にも言えないことを共有できる人」という特別なポジションに昇格します。一度でも愚痴をこぼしてもらえれば、その後も何か困ったことがあったら最初に頭のなかに浮かぶ存在になれるはずです。

気が付いたら恋人よりも自分のことを知ってくれている相手。これはかなり強いです。優先順位が今の恋人よりも高くなる可能性もあります。

◎よき理解者であれ

相談役になれたらあともう少しです。恋人の愚痴だけでなく、家族とケンカしたなどの内容まで話してくれるようになったら、かなり傾いている状態です。できるだけ「あなたのことを理解しているよ」と伝わるような受け答えを意識すると、心酔してもらえます。

この3つをこなすのはなかなか難しいかもしれませんが、達成できれば「ちょっとごはん行かない？」と誘うだけで簡単に寄ってくると思います。自分のことを理解してくれる人を求めてしまうし、傷ついている時には誰かに寄りかかりたくなるのが人間の性です。焦らず、急がず、ぼろが出ないようにじっくり粘ってみてください。

060

早いもの勝ち

自分の好きな人が、友だちの好きな人とかぶってしまった時に、友情を優先させるか愛情を優先させるかで悩む人は多いと思います。話を聞いてみるとこの悩みから抜け出せない人には、ある共通点があります。それは、いつまで経っても自分にとって何が大切なのかを決められないこと。

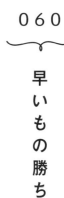

第三者目線で見ていると、初めてビュッフェに行った子どもが、食べきれない量を取ってきてしまう現象に似ています。お皿の上に一度でも友情を乗せてしまったら、もう大皿には戻せません。それはマナー違反だとわかっているから。だけど、心のどこかではその友情を捨てたいと思っていることは意外にあります。

友情も愛情も大切にしたい、どっちも食べたいとゴネても、そんなにたくさんは愛せないし食べられません。そうなった時に、どう選ぶのか。食べたいものを先に食べるんです。

何回かビュッフェに通うと、「いつも取ってくるけど食べないんだよな」というものが見えるようになってきます。そうやって慣れていくように、自分の食べられる量や好み、大切にしたい関係が明確になってきます。

その結果、友情か愛情のどちらかが壊れることもあります。でもそれでいいんだと思います。失敗を重ねた先に、友だちと争いたくないから友だちの人数を少なく保っておくとか、友だちが好きな人でも絶対に譲らないなどの方向性が決まります。

お皿に残ったものを見て初めて気が付くことがあるので、選べない人は「自分が何を残すのか」「自分は何を食べるのか」を意識してみるとヒントが見つかるかもしれません。若いうちは知らないことが多すぎて何を食べたいのかわからなくなってしまいますが、大人になれば最初から取らないことができるようになっていきます。

幸せになるために
恋愛をしているなら
やめたほうがいいです

061

恋愛にも種類がある

友だちとして接してきた時間が長すぎて、恋人同士になってもキュンキュンできないかもしれない。ドキドキしない相手なら恋愛っぽくなくなってしまいそう。そんな風にお考えの方は、胸が高鳴る対人関係のことだけを「恋愛」だと思い込んでいるのではないでしょうか。

そんなことは決してありません。恋愛には本当に色々な種類があります。最初から程よい温度感で付き合うパターンや、相手に費やしてきた時間への執着をエネルギーにして関係を続けるパターン、友だちの延長線上で付き合うこともありますよね。

さらに細かく見ていくと、身体の関係のみで実は片想いのケース。告白されて特に断る理由もなかったから付き合ってみたケース。途中からこじれてただの依存に変わっていったケース。いざ数えはじめたら猫の品種と同じくらいの種類があるかもしれませんね。

そこまでの強い意志があって、目指している理想的な恋愛の形があるならまだマシです。友だちがインスタグラムにあげる惚気投稿やストーリーズを見すぎて、恋愛＝胸キュンコンテンツみたいな認識を植え付けられているのだとしたら、人に流されまくった恋愛にしかならないでしょう。

だとすれば、それはただの憧れだという自覚を持っておいたほうがいいかもしれません。たいていの場合、未来は憧れているようには進まないからです。付き合うということは、自分の人生に誰かを、身体的にも精神的にも巻き込むことでもあります。これは大袈裟な表現ではなく、誰とどういう風に付き合っていくかで、人生が本当に大きく変わります。みなさん自身が経験したことも、周りの人を見て「どんな人と付き合うのかは大切なんだな」と感じたことも、今までにあったと思います。

誰かの人生を巻き込む以上は、自分の理想を押し付けるだけでは恋愛は成立しません。もっと言うなら、自分の思った通りにならなかったからと言って、最低な恋愛だったとカテゴライズするのは勝手すぎると思います。あなたが一方的に打ち切ることで、相手のなかでトラウマになってしまう可能性もあるわけですから。

それでも、憧れている恋愛をしたい気持ちを抑えられないなら、まあ人生一度切りです。自分のやりたいように頑張ってみたらいいのではないでしょうか。

062
成人式や同窓会に行く恋人を浮気させない方法

とっても簡単なことです。相手が行く場所の近くに宿をとってください。

事前に一次会の場所を尋ね把握しておき、後日「多分二次会までいったら終電がなくなっちゃうと思うし、せっかくだからお泊まりしようよ」とすでにホテルを2名で予約していることを伝えてください。

同棲している場合はタクシーで迎えに行き「タクシー料金が上がっちゃうから早く！」と急かして無理矢理連れて帰るのがおすすめです。

同窓会は気分が浮かれる場です。たとえ大丈夫そうな信頼している恋人でもこういった牽制はしっかりやっておいたほうがいいと僕は思います。こんなことをやられたら会場内を除いて浮気しようがなくなるので、せいぜい一〜二万円くらいで浮気のリスクを回避できて、あなたの不安要素もなくなるのであれば本当に御の字だと思います。

誰かと会場内でいい感じになっていたとしてもすぐに恋人を回収していれば、絶対その人から来るであろうＬＩＮＥを非表示にされることも防げます。

「恋人ではなく、恋人の周りの子が信用できない」というのもごもっともですが、そもそも自分から不安を取り除きに来てくれない恋人を１００％信用するのもよくないと思います。不安になっているみなさんはまず相手が行く場所を聞いてよさそうな宿を検索するところから始めてみてはいかがでしょうか。

063

友だちから始まる恋愛

「友だちから恋人になんて発展できない」「ドキドキできないかも」そんな考えは捨てて、もしキュンキュンできたら恋愛はラッキーくらいに考えておいたほうがいいです。しかし、僕は「どうせキュンキュンできないからやめとけ」と言いたいわけではありません。むしろ、ある程度友だちとしての関係性ができあがった状態で付き合ったほうがいいとすら感じています。その理由は、次の通りです。

①お互いが気を遣わない状態でスタートできる
②ケンカが他のカップルと比べて多くなる
③交際するまでは知り得なかった部分や、自分自身の人間として問題がある部分に、新たに気付けるようになる

④友だちの頃はそこまで気にならなかったことでも、恋人になると許せなくなることもあるのだと身をもって知れるので、少なからず相手から見た自分にもそういう部分があると気付ける

⑤素直に自分の非を認めて反省し、直すようにすれば、この先もずっと隣にいられるような大切な存在になっていくので、どちらかの裏切りが判明しない限りは破局しない

例えば、②のケンカが他のカップルと比べて多くなるというのは、単純に考えるとマイナスに捉えてしまうと思います。しかし、性別を抜きにして考えた時に、付き合いが長く仲のいい友だちを思い浮かべてみると、結構な頻度でケンカしているはずです。ここで大切なのは、短期的に見るとマイナスに感じることも、長期的な関係を保つために考えてみると、評価が逆転するということ。

それを踏まえて、再度①〜⑤の項目を見返してみてください。いかがでしょう。誰が何をどう考えても非常に合理的で理想的な付き合い方ではないでしょうか。「お互

いがお互いを大切にできる関係性」「長く一緒にいられる関係性」この2つを構築することを優先するといいと思います。

恋愛で大切なのはドキドキできるかではなく、とにかく素直さと誠実さを持ち続けることです。もしここまで読んだだけで「確かに」と思えるような素直さをすでにお持ちなら、今気になっている仲のいい友だちと付き合っても間違いなく上手くいくと思います。迷わず関係性を進めることを僕からもおすすめしておきます。

064

若いうちに知っておいたほうがいいこと②

◦恋愛で最も大切なのは、ブランディングです

◦手紙にQRコードを入れておくと、周りと差をつけられます。音声ファイルでQRコードを作成するのがおすすめです

◦弄ばれたくないなら、自分が傷ついた時も、他の人に縋るのはやめましょう

◦人の「いいね」欄をみてもいいことありません

◦「同い年だったら付き合っていたのに」は、相手を都合よく使える魔法の呪文です

◦「もっといい人がいるよ」は振る口実にすぎないので脈アリだと勘違いしないほうがいいでしょう

◦相手が本気かどうか見極めたい時は、相手の視線の動き方を注意深く見ておけ

ばなんとなくわかってくるはずです

○関係性をハッキリさせようとしてこない人は、残念ながら、あなたのことを幸せにしてくれません

○「好きな人の本命になりたい」と相談をよくいただきますが、なれません。本命と言っている時点で二番手をつくるような人なので、やめたほうがいいと思います

○「周りには誤解されがちだけどいい人なの」この言葉が自分の口から出たら間違いなく不幸になります。誤解されがちだけど実はいい人なんて存在しません

○「2人で遊びに行こう」と誘って断られたらこの先どのみち無理なので、早いところ誘って色々はっきりさせてしまったほうがいいです

065

自己肯定感

あなたは自己肯定感が低いですか。もしそうなのであれば、それはどういった観点で低いと言っていますか。自己肯定感を下げている原因は何でしょうか。もしかして下げているのは自分自身ですか。

ぜひともお聞かせ願いたいのですが、執筆中の今はリアルタイムでお伺いできません。本を最後まで読んでいただいたあと、僕宛にＳＮＳのＤＭなどで送っていただけると嬉しいです。

ここからは個人的な見解を述べます。そもそも自己肯定感の高い低いはあやふやなものです。わかりやすくするために、数値化して定義付けをします。

○自己肯定感がかなり低い　0〜20
○自己肯定感が少し低い　21〜40
○自己肯定感について特に考えない　41〜79
○自己肯定感が高い　80〜90
○自己肯定感がすごく高い　91〜100

●自己肯定感が高い人

100に近い人は、数少ないと思います。自分の能力や考え方、生き方などを強く肯定するためには、それだけの証明材料がいります。自分の思い込みだけではなく、周りから認められている事実も必要なはずです。少数派の意見と片付けられないように日常的に色々な人に褒められたり、まぐれと言われないように何度も結果を残したり……。非の打ちどころがない状態に近付いていかないと、自己肯定感が高いゾーンには入っていけないでしょう。

そんな人は、そうそういないと思います。あなたの身近に91〜100レベルで完璧に見える人がいたとします。その人は結局、さらに上やその上を見るでしょう。実際は、自分の立ち位置が70付近だと思っているかもしれません。他者からの評価がどんなに高くても、本人のなかでありとあらゆる理由をつけて、何となく80以上にはしない人がほとんどだと思います。周りから見た時のイメージ上での数値と、実際にその人自身が思っている数値とでは大体大きく差が出ます。

みなが大した何かを成し遂げているわけでもなければ、万人を納得させるような何かを有しているわけでもありません。自己肯定感の高い人も、プライドや意地に近い部分で自分を肯定しているだけに過ぎないのではないでしょうか。虚勢であることはおそらく本人が一番理解しているので、実のところは50前後なのではないかと思われます。

そうなると、いわゆる「自己肯定感が高い人になりたい」というフレーズは、言葉の通り受け取ってしまうと大変無茶な話となってしまいます。「自己肯定感について特に考えない人になりたい」という目標のほうが、目指しやすいかもしれません。

◎自己肯定感について特に考えない人

①単に自分で自己肯定感を下げていない人
②周りの誰かに自己肯定感が下がるようなことを言われず、下がるような仕打ちもされていない人
③そもそも気にしていない人

別の言い方をすると、①は、自分のなかでプライドや意地をストッパーにして下げないようにしている人。②は、今のところ不幸な目にあっていない人。③は、まあ僕がこれですね。自分の見た目にあまり関心がなく、髪を切れていない時期があり、前髪で片目を隠して出した動画の視聴回数がたまたま伸びてしまいました。視聴者の方々に根付いた印象が「前髪で片目が隠れている、襟足金髪ウルフの男」に。前髪を

切るに切れなくなりました。1年経っても、前髪で片目を隠す運命からも、襟足金髪ウルフであり続ける運命からも、逃れられなくなった山田飛鳥。という人間がまさしくこれです。

他者からの評価に対する関心や自分への関心が本当にないので、「多くの人に見てもらえているから、やらないともったいない」精神で毎日コンテンツづくりに身を捧げています。他者からの評価をどうでもよしとするスタンスはまさしく「そもそも気にしていない人」の最たる例だと思います。

自己肯定感が低い人がこちら側に来るのは難しくないと思います。自分に対して関心を持たないようにすればいいだけです。

骨格が気になろうが、鼻の形や大きさが気になろうが、肌荒れが気になろうが、別に僕たちは誰かのために生きているわけではありません。誰かのために、綺麗である必要もありません。

自分が満たされるために、理想を叶えて、誰かに受け入れられたい願望があるのかもしれません。そもそも僕たちは、誰かに必要としてもらえるほど大した人間なのでしょうか。少なくとも僕は、誰かに求められる人のような立派な存在になれるほど、誇れる生き方をしていない気がします。

何も成しえていない自分が多少なりとも満たされたいと考えることすら、傲慢ではないか。そんなことを考える暇があるなら、動画のネタの1つでも考えたらどうか。こんな風に思えてしまいます。何だか書いているうちに、実は僕が卑屈で、自己肯定感が低い人間のように感じてきましたが、きっと気のせいでしょう。

身の回りや自分自身に起こったことを記憶しておき、事実をもとに分析して、最後にそれについてどう思うかを考える。山田飛鳥。の思考回路は基本的にこれで構成されています。自己肯定感の低い自覚がある方には、ぜひ試していただきたいです。

066

長所

あなたのいいところは、恋人が一番よく知っています。
恋人がいない場合は、飼っているペットが一番よく知っています。

067 エピローグ

こんなに考えることが多いなんて、大変ですね。恋愛に関することは、いくらでも流行り、高尚なものとされます。みなさんは恋愛を「いいもの」にしたがりますが、本当はそうでもないのかもしれません。

誰かを好きになることで、他の誰かを傷つける可能性もあります。「好き」という気持ちが移り変わることを受け入れるのは、難しいです。どこまで自己利益を追求するかに人間性が出るので、本来、恋愛はしんどいものだと思います。

別に、恋をしなくても生きていけます。ただ、自分を成長させてくれるのは間違いありません。これから、人のいい部分も悪い部分も、たくさんみていってください。あなたの人生が豊かになることを願います。

この世には
知らないほうが幸せなことが
たくさんあります

おわりに

この本がきっかけで少しでも恋愛に対する見え方が変わったり、自分自身への考え方が変わったりしてくれているといいなと、自宅で飼っている猫の傍で勝手に願っております。猫もそう願っているのではないでしょうか。

最後に1つだけ。間違っても変な自信はつけないでください。ここまで読んで仕入れた知識はあくまで頭の片隅に「一時的に」「情報として」入っただけに過ぎず、現状のままでは全く身に付いていない状態です。ここから実際に自分でやってみて、試行錯誤を重ねて自分に合ったスタイルに調整していく工程を経ない限りは、もはや読んだ意味がないも同然です。それは僕が悲しいです。

結構頑張って書いたので、本当に実践して欲しいと心の底から思っております。猫もこの通り、隣で同じように言っております。

「私はこんなに色々やってあげているのに」という単純な思考に陥りがちなみなさん

なら、まさか「結構頑張って書いたので」と言っている人を無下にはできないですよね？

「浮気しないで誠実でいて欲しい」と無理難題を言うみなさんなら、まさかここまで読み進めた上で「『おわりに』までは読んでなかったな」という誠実さに欠けるウソはつけないですよね？

因果応報が世の常である以上、みなさんが今後恋愛で幸せになれるような方々なのであれば、よりによって一冊の恋愛エッセイを読み終えようとしている今このタイミングで、誰かに酷い仕打ちをすることなど到底できるはずもないでしょう。まさか人には求めるだけ求めておいて自分はやらないなんて、そんなことはまさか……。

これで「色々やってあげているのに」がどれだけ恩着せがましくて面倒だと思われるフレーズであるかご理解いただけましたでしょうか？

誰かに何かをやってあげたところで、同じだけの何かが返ってくるとは限りませんし、現実は返ってこないことのほうが圧倒的に多いです。たとえ厚意でやったことであっても受け手には微妙だと感じられてしまうケースも全然あるので、必ずしも相手のためになるというわけではない、というより、基本的に相手のためにはならないと考えておいたほうがいいでしょう。

「誰かのためにやる」は結果的に全て「自分のためにやる」と同義になってくるということを忘れない方がいいと思います。

それでは、頑張ってみてください。

山田飛鳥。

「＃この恋の結末は私が決める」

ＳＮＳで、みなさんのご報告をお待ちしています。

デザイン　菊池祐
本文写真　山田飛鳥。
編集協力　山岸南美
カバーイラスト　hashu
DTP　G-clef
校正　鷗来堂

山田飛鳥。

2023年3月に「若いうちに知っておいたほうがいいこと教えます」というフレーズではじまる動画投稿を開始。独自の恋愛論などが話題になり、TikTokのフォロワー数は20万人を突破した。人生2周目説がささやかれるほどの達観した物言いや、ズバッと切る話し方が特徴。若者を中心に絶大な支持を得ており、多数の悩み相談が日々寄せられている。

この恋《こい》の結末《けつまつ》は私《わたし》が決《き》める

2024年3月19日　初版発行
2024年6月25日　3版発行

著者　山田《やまだ》　飛鳥《あすか》。
発行者　山下　直久
発行　株式会社KADOKAWA
〒102-8177　東京都千代田区富士見2-13-3
電話　0570-002-301（ナビダイヤル）
印刷所　共同印刷株式会社
製本所　共同印刷株式会社

●お問い合わせ
https://www.kadokawa.co.jp/（「お問い合わせ」へお進みください）
※内容によっては、お答えできない場合があります。
※サポートは日本国内のみとさせていただきます。
※Japanese text only

定価はカバーに表示してあります。

ISBN 978-4-04-606748-7　C0095